100문 100답
낱말로 배우는
원불교

100문 100답

낱말로 배우는 원불교

원불교출판사

100문 100답
낱말로 배우는 원불교

초판1쇄 발행 2007년 1월 3일 / 초판2쇄 발행 2007년 3월 10일 / 저자 박혜훈
펴낸곳 원불교 출판사 / 펴낸이 김영식 / 등록번호 제7호(1967. 7. 1)
주소/전북 익산시 신용동 344-2 전화/063)850-3324, 854-0784

| 머리글 |

'알기 쉽게!'

'누구나 바로 이해할 수 있게!'

원음방송에서 원불교의 용어를 소개하는 코너를 맡았을 때 늘 마음속에 담고 있었던 말입니다. 굳이 방송이 아니더라도 '어떻게 하면 원불교를 쉽게 알게 할까?' 하는 것은 교역생활에 임하게 되면서 중요한 숙제가 되어 있었습니다.

그런 숙제를 조금이나마 풀어 볼 수 있는 과정이 주어진 것에 대단히 감사한 마음입니다. 우연한 기회에 원음방송을 통해 원불교에 관한 낱말, 특히 처음 원불교 교도(신앙·수행)생활을 시작하시는 분들에게는 낯설게 느껴질 수 있는 낱말을 중심으로 하나 하나 소개하다 보니 100개의 낱말을 설명하게 되었습니다.

방송이 끝난 뒤 방송을 들은 교도님들 가운데 몇 분이 그 동안 설명한 낱말을 한 데 묶어주면 공부하는데 도움을 되겠다고 하신 것이 인연이 되어 이렇게 그 낱말들을 한데 모아보았습니다.

원불교에 처음 입문하시려는 분이나 입문하신 분, 교당에 내왕하면서 자연스럽게 원불교의 많은 부분에 익숙해졌지만 아직도 기본적인 낱말에 자신감을 갖지 못하신 분, 자신이 얼마나 기본 용어를 알고 있는지 돌아보고 싶으신 분, 어렴풋하게는 알지만 좀 더 명확하게 이해하고 싶으신 분들에게 분명 도움이 될 것으로 생각합니다.

끝으로 많은 분들이 이 책이 인연이 되어 대종사님 교법으로 인생을 새롭게 가꾸셨으면 하는 기도를 올리며, 저의 부족한 부분을 실감하고 앞으로 채워갈 수 있도록 계기를 주신 모든 분들께 감사드립니다.

목 차

(9) 1장 첫 걸음마를 위하여

1. 원불교란 종교명칭은? / 2. 원불교는 무엇을 믿나요? / 3. 교당 / 4. 교도 / 5. 교무 / 6. 원불교 교조 / 7. 원불교 경전 / 8. 원기

(27) 2장 신앙생활 알기

9. 법명 / 10. 입교와 연원 / 11. 합장인사 / 12. 심고와 기도 / 13. 원불교인의 하루생활 / 14. 교도 4종의무 / 15. 동남풍 / 16. 성불제중 / 17. 서원 / 18. 교화 / 19. 훈련 / 20. 활불 / 21. 공부와 사업 / 22. 범종은 왜 10번 울리나요? / 23. 순교 / 24. 신정법문 / 25. 유무념 대조 / 26. 독경해액 / 27. 네덧 내탓 / 28. 중근병 / 29. 사대불이신심 / 30. 참회 / 31. 신분검사

(75) 3장 교리 쉽게 알기

32. 교리도 / 33. 처처불상 사사불공 / 34. 파란고해 / 35. 원불교의 이상향 / 36. 일원상서원문 / 37. 불생불멸 / 38. 인과보응 / 39. 언어도단 / 40. 은생어해 해생어은 / 41. 소태산 대종사님 게송 / 42. 은혜 / 43. 사은 / 44. 응용무념의 도 / 45. 자력양성 / 46. 지자본위 / 47. 타자녀 교육 / 48. 공도자 숭배 / 49. 조물주 / 50. 육도사생1 / 51. 육도사생2 / 52. 진급 강급 / 53. 진급하는 사람, 강급하는 사람 / 54. 대소유무 / 55. 상생상극 / 56. 경계 / 57. 삼학 /

58. 팔조 / 59. 일상수행의 요법 / 60. 계문 / 61. 삼십계문1 / 62. 삼십계문2 / 63. 솔성요론 / 64. 원불교의 좌선법 / 65. 주문 / 66. 여의보주 / 67. 대원정각 / 68. 대기사 / 69. 방편 / 70. 법위등급 / 71. 법계란 / 72. 천록 / 73. 심전계발 / 74. 호풍환우 이산도수 / 75. 삼동윤리

169 4장 의례 쉽게 알기

76. 신년하례 / 77. 법회 / 78. 대각개교절 / 79. 석존성탄절 / 80. 법인절 / 81. 대재 / 82. 교구 / 83. 봉불 / 84. 천도 / 85. 사십구재 / 86. 제사는 어떻게 모시나요?

195 5장 교사 쉽게 알기

87. 성지순례 / 88. 소태산대종사 십상1 / 89. 소태산대종사 십상2 / 90. 소태산대종사 십상3 / 91. 초기 교단의 창립정신 / 92. 최초의 교당

211 6장 제도 쉽게 알기

93. 종법사 / 94. 상사 / 95. 교화단 / 96. 교복과 법락 / 97. 거진출진 / 98. 법 호 / 99. 원성적 / 100. 법훈

1

첫 걸음마를 위하여

1. 원불교란 종교명칭은? / 2. 원불교는 무엇을 믿나요?
3. 교당 / 4. 교도 / 5. 교무 / 6. 원불교 교조
7. 원불교 경전 / 8. 원기

Q 001 원불교란 종교명칭은?

"어떤 종교를 믿으세요?"
"저는 원불교인데요."
"원불교요?"
원불교란 종교 명칭을 아직도 낯설게 느끼는 분들이 많은 것 같습니다.

불교나 기독교, 또는 이슬람교 등 종교의 명칭은 곧 그 종교의 가장 특징적인 뜻을 담고 있습니다. 원불교도 물론 예외는 아닙니다.
원불교! 둥글 원(圓), 부처 불(佛), 가르칠 교(敎)라는 글자는 단순하지만 종교로서의 원불교에 다가서는 데 기본이 됩니다.
'원(圓)'은 만법의 근원 또는 만법의 실재라 할 수 있습니다. 우리 눈앞에 펼쳐지고 있는 우주자연의 모습과 일어나고 있는 모든 현상의 근본을 말합니다. 근본이라고 해서 근원되는 것만을 가리키는 것이 아니라 근원에 바탕하여 펼쳐진 이 우주만물의 모든 것을 뭉뚱그려 가리킨 것입니다. 이를 한마디로 말하면 바로 '진리'입니다. 가장 참되고, 뿌리가 되면서 또한 모든 것을 다 껴안고 있는 우주의 진리를 '원'으로 나타낸 것입니다.

　'불'(佛)은 깨닫다, 참되게 알다, 또한 본래 마음이란 뜻을 가지고 있습니다. 사람으로서 진리 곧 원(圓)을 깨달아 알고자 하지 않는다면, 마치 허공중 떠 있는 구름을 보려 하지 않고, 아름다운 꽃이 피어 있음에도 꽃의 향기를 맡지 않으려는 것과 같고, 보물을 가지고 있으면서도 그 보물을 꺼내어 쓰지 못하는 것과 같은 것입니다. 또한 마음으로 보고, 느끼고, 알지 못하면 진리가 있음에도 나와는 전연 관계없는 것이 되고 맙니다.

　이처럼 원(圓)과 불(佛)은 따로 생각할 수 없습니다. '원불'은 이 세상의 가장 근본인 진리를 마음으로 깨달아 알자는 것입니다.

　'교(敎)'는 글자 그대로 가르침입니다. 원불교는 '원'과 '불'의 이치를 수많은 생령들에게 가르쳐 주고자 하는 종교입니다.

　'원'은 진리, '불'은 마음으로 깨달음, '교'는 가르침.

　원불교는 진리를 마음으로 깨달아 알도록 하는 종교!

　원불교는 누구나 진리를 자신의 마음속에 담도록 하는 종교입니다.

　원불교는 모든 사람에게 진리를 깨닫도록 하여 행복의 가르침을 주는 종교입니다!

Q 002 원불교는 무엇을 믿나요?

불교 하면 부처님, 기독교 하면 하나님, 이슬람 하면 알라….

이렇듯 모든 종교는 믿고 따르는 대상이 있듯이 원불교도 믿고 따르는 대상이 있습니다.

"원불교는 무엇을 믿나요?"라고 물으시는 분들께 "무얼 믿는 것 같아요?"라고 다시 질문을 하면 "혹시 동그라미인가요" 하며 고개를 갸웃거리는 분들을 많이 만납니다.

원불교! 하면 생각나는 동그라미, 그 동그라미가 바로 원불교를 나타내는 상징입니다. 그리고 동그라미가 바로 원불교 신앙의 대상입니다. 동그라미를 원불교에서는 '법신불 일원상(法身佛 一圓相)'이라 부릅니다.

'법신불 일원상'은 가장 큰 부처이신 하나의 둥그러운 모습이라 풀이할 수 습니다.

법신불 일원상은 세 가지 뜻을 담고 있습니다.

첫째, 이 세상 모든 것의 근원이라는 뜻입니다.

꽃도 나무도 사람도 자연도 모두 하나의 진리가 있기에 있을 수 있습니다. 그 하나의 진리가 바로 법신불 일원상입니다.

둘째, 위대하신 성자들이 깨달은 진리라는 뜻입니다.

석가모니 부처님, 공자님, 예수님 등 위대한 성자들이 깨달으셨던 진리는 바로 법신불 일원상의 진리와 같은 것입니다. 마치 하나의 태양을 두고 어떤 사람은 태양이라 하고, 어떤 사람은 해라 하고, 또 어떤 사람은 빛이라 표현하듯이 성자들이 깨달으신 진리는 똑같은 것이지만 표현하는 방법이 다를 뿐입니다. 원불교에서는 이를 '법신불 일원상' 이라고 합니다.

셋째, 법신불 일원상은 우리의 본래 마음이라는 뜻을 담고 있습니다.

우리의 본래 마음은 성냄도 노여움도 미움도 없습니다. 아름다움도 추함도 또한 없습니다. 이러한 우리의 본래 마음이 '법신불 일원상' 과 같은 것입니다.

원불교는 '동그라미' 곧 법신불 일원상을 믿는 종교입니다.

마음이 어두울 때 동그란 일원상을 떠올려 보세요. 마음 안에 일원상이 존재하고 있다는 사실만으로도 밝음과 평화로움이 찾아옵니다. 어둠을 헤치고 아침 해가 솟아오르듯.

Q 003 교당(敎堂)

시내에 어둠이 들면 오색 네온사인 불빛이 물결을 이룹니다. 이 가운데에는 종교의 집회장소를 알리는 불빛도 참 많습니다.

대부분의 종교는 모임을 하거나 의례를 행하는 장소를 가집니다. 기독교에서는 교회, 불교에서는 절 또는 사찰이라고 부르듯이 원불교에서는 '교당'이라고 합니다.

대부분의 교당이 고층건물이나 대형건물이 아니라서 눈에 잘 띄지 않지만 가까운 주변을 잘 살펴보시면 작지만 소박하고 정감 있는 건물에 '법신불 일원상'의 표식이 있는 곳이 보입니다.

교당은 법신불 일원상을 모시고 있으며, 교도의 신앙과 수행을 지도합니다.

교당은 많은 사람들을 원불교 교법으로 인도하는 교화의 터전입니다.

교당은 신앙적 의례를 행하는 장소이며, 원불교를 믿고 따르고자 하는 사람들을 훈련하는 역할도 합니다.

교당은 누구나 찾을 수 있는 공간이며, 지역사회를 위한 봉공활동을 장려하는 곳입니다.

교당은 교무님과 교도님들이 더불어 기쁨과 보람과 유익을 나누는 공간입니다.

교당은 바로 여러분에게 맑음과 깨달음과 은혜를 나누는 곳입니다.

교당은 바로 여러분에게 우주와 삼세(전세·현세·미래세)의 숨결을 느끼게 해주는 곳입니다.

현재 원불교 교당은 군 또는 읍 단위의 지역까지 자리하고 있어서 국내에는 약 570여 개가 있으며, 해외에는 약 100여 곳에 있습니다.

Q 004 교도(敎徒)

종교는 그 종교를 믿고 따르는 사람이 없다면 아무런 뜻이 없습니다. 큰 종교와 작은 종교는 보통 그 종교를 믿고 따르는 사람이 얼마나 되는가에 따라 좌우하는 것 같습니다.

그 수가 많고 적음을 떠나 원불교를 믿고 따르는 사람들을 일컬어 '원불교 교도'라고 합니다.

좀더 구체적으로 설명하면 원불교에 정식으로 입교를 한 후, 원불교 교리를 믿고 일상생활 속에서 교법을 실천하는 사람들을 '교도'라고 합니다. 정식으로 입교하지 않고 원불교 교법을 믿는 사람도 더러 있습니다. 이런 사람은 원불교 신도(信徒)라는 표현을 씁니다.

원불교 교도는 두 가지로 구분할 수 있는데, 출가교도(出家敎徒)와 재가교도(在家敎徒)입니다.

출가교도는 말 그대로 출가하여 원불교 교단 일에 전력하는 교역자를 가리키며, 재가교도는 가정에서 생업에 종사하며 생활하는 가운데 원불교 교법을 신앙하는 교도를 말합니다. 그런데 '교도'라는 표현은 대부분 재가교도를 가리킬 때 보편적으로 사용되는 경향이 많습니다.

  같은 방향을 바라보고, 같은 신념을 가진 사람,
  같은 신앙을 하고, 기쁨을 진심으로 공유하는 사람,
  이런 원불교인들이 바로 교도님들이십니다.

Q 005 교무(教務)

이슬람과 같은 몇몇 종교를 제외한 대부분의 종교는 성직자가 있습니다.
　신부님, 목사님, 스님, 교무님….
　원불교 성직자를 부르는 일반적인 호칭이 바로 '교무님' 입니다. 원불교 성직자에 대한 호칭을 좀더 깊이 이해하기 위해서는 먼저 '전무출신(專務出身)' 이란 말을 알아야 합니다.

　출가교도를 총괄적으로 가리키는 말이 전무출신입니다. 전무출신은 몸과 마음을 오로지 원불교 교단에 공헌하는 사람을 통칭하는 것입니다. 그러나 '전무출신님' 이라고 부르지는 않습니다.

　전무출신은 세 가지 품과 곧 교무(教務), 도무(道務), 덕무(德務)로 구분되는데, 이는 자신의 희망과 적성에 따라 지원한 것입니다. 전무출신 가운데 약 90% 정도는 교화에 전념하는 교무품과입니다. 교무는 의식집례, 설교를 비롯한 교화활동을 주로 하는 전무출신입니다.

　두 번째 품과는 도무입니다. 교육, 행정, 자선, 의료 등 전문분야에 전념하는 전무출신입니다.

　세 번째 품과는 덕무입니다. 근로와 기능 등의 분야에 전념하는 전무출신을 말합니다.

　우연한 곳에서 원불교 성직자라고 생각되는 분을 만나게 되면 이렇게 인사해보세요.

　"반갑습니다, 교무님!"

　"반갑습니다, 도무님!"

　"반갑습니다, 덕무님!"

　밝은 웃음으로 화답하는 교무님과 도무님, 덕무님을 만날 수 있습니다.

Q 006 원불교 교조 (圓佛敎 敎祖)

이 세상에 진리를 깨달은 위대한 성자들이 계시지 않았다면 어땠을까요?

우리가 당연하다고 생각되는 도덕, 윤리, 바른 삶의 지표와 같은 것이 없어서 세상은 아주 혼란스러운 모습일 것입니다. 위대한 성자들이 시대를 따라 탄생하셔서 이 세상을 구원할 법을 내주셨다는 것은 우리 모두에게 대단한 은혜입니다.

불교는 석가모니 부처님, 기독교는 예수 그리스도, 유교는 공자, 이슬람은 마호멧…. 이러한 성자들의 가르침에 수많은 사람들이 기쁨 속에 살아오고 살아갈 수 있습니다.

원불교 교조이신 소태산 대종사님은 미래세계를 열어 주신 위대한 성자이십니다. 원불교라는 종교의 문을 열고, 가르침을 주신 이 시대와 미래 시대의 가장 큰 스승님이신 것입니다.

소태산 대종사님은 원불교 신앙의 대상은 아닙니다. 소태산 대종사님은 모든 사람에게 행복의 문을 열 수 있는 열쇠를 주신 분이라고 할 수 있습니다.

대종사님의 호는 소태산(少太山), 이름은 박(朴) 중(重)자 빈(彬)자입니다.

전라남도 영광군 백수읍 길룡리에서 1891년 5월에 탄생하시어 1943년 6월에 열반하신 분입니다.

원불교는 소태산 대종사님의 깨달음에 의해 성립한 종교입니다. 그러므로 소태산 대종사님께서 사셨던 삶과 가르침을 이해하는 것은 곧 원불교를 제대로 이해하는 것과 밀접한 관계가 있는 것입니다.

소태산 대종사님의 일생에 대해 관심을 갖고 이해하고자 하는 노력이 바로 원불교와 가까워지는 첫걸음이 될 것입니다.

Q 007 원불교 경전

A

대부분의 종교는 교조의 말씀이나 교리를 담고 있는 경전이 있습니다. 경전은 그 종교의 가르침을 바르게 신앙하고 수행하도록 인도하는 역할을 합니다.

"원불교는 어떤 불경(佛經)을 보나요?"

약간은 엉뚱한 질문을 들은 적이 있습니다. 아마 원불교를 불교의 종파로 잘못 이해하신 분이었던 것 같습니다.

불교의 불경, 기독교의 성경, 이슬람의 꾸란이 있듯이 원불교는 '원불교 전서(圓佛敎全書)' 라는 경전이 있습니다.

원불교전서는 원불교 기본경전이라고 할 수 있는 정전(正典)과 대종경(大宗經)으로 편찬된 원불교교전(敎典)과 정산종사법어(法語), 원불교 교헌(敎憲), 원불교 예전(禮典), 원불교 성가(聖歌), 원불교 교사(敎史), 불조요경(佛祖要經)을 합한 것입니다.

정전은 소태산 대종사님이 친히 저술하신 것으로 소태산 대종사님의 사상과 경륜이 가장 직접적으로 담겨져 있습니다.

대종경은 소태산 대종사님의 언행록으로 총 15품으로 구성되어 있습니다.

원불교 2대 종법사인 정산종사의 사상과 경륜을 담고 있는 정산종사법어, 원불교 제도와 법규를 담은 원불교 교헌, 원불교 성가, 예전, 원불교 역사를 밝힌 원불교 교사, 과거 부처님의 경전과 현성의 법문을 뽑은 참고교서인 불조요경 등 이 모두는 한장 한장, 구절구절이 진리를 담고 있는 것입니다.

물론 원불교 교리를 이해할 수 있는 참고서와 좋은 책들이 많이 있습니다. 그렇지만 학교공부를 할 때 교과서를 제대로 공부하는 것이 중요하듯, 원불교 교리를 알고자 하는 분들에게 원불교전서는 원불교 교과서라고 할 수 있는 것입니다.

풀리지 않는 고민이 생길 때, 원불교전서를 옆에 두고 조용히 펼쳐보면 그곳에는 마음을 두드리는 해법이 있습니다.
소태산 대종사님을 비롯한 원불교의 스승님들을 바로 옆에 모시는 비법, 그것은 바로 원불교전서를 가까이 하는 것입니다.

Q 008 원기(圓紀)

일반적으로 행사 또는 의식이 있을 경우나 간단한 모임이 있는 경우 '서기 몇 년, 몇 월 몇 일'을 밝힙니다.

원불교에서도 대부분의 많은 의식과 모임에서 '원기 몇 년 몇 월 몇 일입니다.'라고 연 월 일을 밝힙니다. 그런데 약간 다른 면이 있습니다. 서기 몇 년이 아니라 원기(圓紀)라는 표현을 사용하기 때문입니다.

원기는 둥글 원(圓), 벼리 기(紀)라는 한자어로 원불교의 기원이란 뜻입니다. 일반적으로 아시는 바와 같이 서기 2007년의 서기는 서력기원의 준말로서 예수님이 탄생하신 해를 기준으로 합니다.

원불교의 원기는 소태산 대종사님의 탄생으로 기준하지 않고 원불교 개교의 해를 그 기원으로 하고 있습니다. 그래서 원불교 교조이신 소태산 대종사님께서 대각을 이루시고 원불교가 처음 시작된 1916년이 원기 1년이 됩니다.

원불교 교단 내에서 이루어진 모든 행사나 사업 등에 대한 기록은 원기를 먼저 쓰고, 다음에 일반적으로 사용하는 서기를 기록합니다. 예를 들면 금년에 이루어진 행사를 기록한다면 원기 92년(2007년)의 형식으로 하는 것입니다.

원불교 초기에는 처음 시, 비롯할 창, 곧 시창(始創)이란 연호를 사용하여 시창 10년, 시창 20년으로 사용했습니다. 그런데 원기 38년 제 1대 성업봉찬대회 때부터 원기로 사용하게 되었고, 이후에 원불교내에서 원기라는 연호가 통일적이며 지속적으로 쓰이게 된 것입니다.

원기 93년은 원불교가 시작된 지 93년이 된다는 것입니다. 원기의 햇수가 곧 원불교의 나이라고 할 때, 사람이 한살 두살 나이 들수록 철이 들고 세상의 이치에 밝아지는 것에 비유하여 생각해 봅니다. 종교로서 원불교는 아직 걸음마 단계의 나이라 할 수 있지만, 머지않아 나이만큼 성장해 세계 속에 우뚝 선 종교로서 발전할 날이 있을 것입니다. 그리고 무엇보다 한해 두해 시간이 갈수록 더욱더 많은 사람이 원불교의 가르침에 귀의하여 행복한 생활을 할 수 있게 될 것입니다.

'원기 93년, 원기 94년….' 해마다 많은 분들이 원불교에 귀의하여 영적으로 성장해 가는 소중한 한해 한해가 되기를 염원해 봅니다.

2 신앙생활 알기

9. 법명 / 10. 입교와 연원 / 11. 합장인사 / 12. 심고와 기도
13. 원불교인의 하루생활 / 14. 교도 4종의무 / 15. 동남풍
16. 성불제중 / 17. 서원 / 18. 교화 / 19. 훈련
20. 활불 / 21. 공부와 사업 / 22. 범종은 왜 10번 울리나요?
23. 순교 / 24. 신정법문 / 25. 유무념 대조 / 26. 독경해액
27. 네덧 내탓 / 28. 중근병 / 29. 사대불이신심
30. 참회 / 31. 신분검사

Q 009 법명(法名)

원불교 교도는 원불교 이름 곧 법명(法名)이 있습니다.

원불교를 다니지 않던 사람이 교도가 되는 것을 입교(入敎)라고 합니다. 곧 원불교 교문에 들어온다는 뜻입니다. 이렇게 입교를 하게 되면 법명을 받게 됩니다.

법명의 유래는 원불교교조이신 소태산 대종사님께서 교단 초창기에 아홉 제자들에게 새로운 이름을 주신 것으로부터 시작됩니다.

어떠한 명칭이나 호칭이 그것 자체를 의미하듯이, 이름 또한 마찬가지입니다. 보통사람들은 그 이름으로 표현되는 경우가 많습니다. 법명 곧 원불교 이름은 '새로운 이름이 주어진 만큼 새로운 사람으로 다시 태어난다'는 의미를 가진다고 할 수 있습니다.

'이름값 하라'는 말이 있습니다. 부모님으로부터 받은 이름도 의미가 있는만큼 그 이름값도 해야 하지만 입교하여 법명을 받는 것은 법명을 통해 원불교 교법을 실천하여 제대로 '이름값'을 하라는 것입니다.

　어제까지 어둡고 괴로운 생활을 했다면 입교를 하여 법명을 받은 뒤부터는 밝고 즐거운 생활로 바꾸어 가야 합니다.

　어제까지 답답하고 외로운 생활을 했다면 입교를 하여 법명을 받은 뒤부터는 희망 가득한 마음으로 봉사하며 더불어 함께하는 생활로 바꾸어 스스로를 외롭게 만들지 않아야 할 것입니다.

　가까운 교당에 가서서 입교를 하고 법명을 받으십시오. 새로운 삶의 첫걸음이 약속됩니다.

Q 010 입교와 연원(入敎 – 淵源)

원불교에 입문하여 원불교 교도가 되는 것을 입교라고 합니다.

입교하는 방법은 아주 간단합니다. 가까운 교당에 찾아가거나 원불교 교도를 통해 입교원서를 작성합니다. 그러면 약 2주 후에 새로운 법명이 담긴 교도증이 나옵니다. 그리고 교도증을 받게 되는 입교의식을 갖게 되며, 비슷한 시기에 교도증을 받게 되는 교도들과 함께 합동입교식을 갖기도 합니다.

입교원서를 작성하다보면 연원이라는 말이 나옵니다. 연원이란 말은 자신을 원불교로 이끌어 준 사람을 말합니다. 간혹 이끌어 준 사람이 없이 스스로 원불교를 찾는 경우도 있습니다. 그럴 때는 직접적인 계기가 아닐지라도 간접적인 영향을 준 사람이나 앞으로 원불교 신앙생활을 잘 할 수 있도록 이끌어 줄 수 있는 사람을 기재합니다.

원불교에서 연원을 정하는 것은 원불교 교조이신 소태산 대종사님의 말씀으로부터 비롯됩니다. 소태산 대종사님은 스스로 진리를 깨달으셨기 때문에 연원이 없습니다. 그러나 깨달음을 이루신 후 모든 종교의 경전을 두루 열람하시다가 불교의 『금강경』을 보시고, "서가모니불은 참으로 위대한 성인이라." 하시며 스스로 서가모니불을 연원으로 정하셨습니다.

이로부터 원불교 교도가 되면 원불교 교법의 세계로 인연을 만들어 준 사람을 연원으로 정하게 됩니다.

연원은 마음과 진리의 세계에 눈을 떠 원불교인으로서 참된 삶을 살 수 있도록 계기를 만들어 준 소중한 사람입니다. 또한 누군가의 연원이 된 사람은 새로 심은 나무가 뿌리를 잘 내릴 수 있도록 살피고 가꾸는 노력을 쉬지 않아야 합니다.

주위의 한사람 한사람이 연원이 되어 소중한 인연을 많이 가꾸어 가는 것은 복 가운데 제일의 복이 됩니다. 훗날 소중한 인연은 연원에게 원불교 걸음마를 배우던 시절의 신비한 기억을 떠올릴 것이며, 하늘은 연원이 최초의 걸음마를 배울 때처럼 미소지을 것입니다.

Q 011 합장 인사

합장(合掌) 인사는 원불교인들의 가장 보편적인 인사법입니다. 원불교 교도들은 신앙의 대상인 법신불 일원상을 향한 경례를 비롯하여 사람을 만나 인사를 할 때도 합장하고 경례를 합니다. 합장은 글자 그대로 두 손바닥을 모으는 것이며 그 형식은 두 손을 가슴 중앙 쪽에 모으는 것입니다.

본래 합장 인사는 인도에서 부처님에게 절할 때에 두 손바닥을 마주 합치는 데에서 비롯되었으며, 불교가 전파됨에 따라 널리 사용되어 온 것입니다. 같은 불교일지라도 종파에 따라 그 형식이 조금씩 다르며, 다른 종교에서도 간혹 사용되기도 합니다.

원불교에서도 합장하고 경례하는 인사를 합니다. 이는 상대방에 대한 공경하는 마음을 나타내는 표현입니다. 그래서 합장공경이라는 말로써 합장을 강조하기도 합니다. 곧 형식상으로만 합장하는 것이 아니라 마음 깊이, 진심으로 합장한다는 뜻입니다. 또한 합장하고 경례하는 것은 상대방을 향한 스스로의 겸양을 표현하는 것입니다.

 마음이 요란해질 때, '법신불 사은님!'을 향하여 두 손을 모아 보세요.

 누구를 만나든지 '반갑습니다.' '안녕하세요!' 하며 두 손을 모아 보세요.

 고마운 마음을 표현할 때 '고맙습니다!' 하며 두 손을 모아 보세요.

 모임이 끝날 때 '좋은 시간이었습니다!' 하며 두 손을 모아 보세요.

 따뜻한 마음과 마음이 합장하는 두 손을 통해 전해집니다.

Q012 심고와 기도 (心告- 祈禱)

종교, 신앙, 믿음, 이런 종교적인 말과 더불어 가장 먼저 떠오르는 낱말은 무엇일까요? 아마 기도라는 낱말일 것입니다.

어떤 종교든 가장 아름다운 신앙행위를 꼽으라면 기도를 들 수 있습니다. 원불교에서도 기도는 대단히 중요한 신앙행위입니다. 원불교에서는 기도와 더불어 심고라는 용어를 함께 사용합니다.

심고는 마음으로 고한다는 뜻입니다. 곧 마음속에 담긴 말을 법신불전에 묵묵히 고백하는 것입니다. 기도는 빌고 또 비는 것입니다. 심고와 기도는 그 정신과 내용은 같으나, 형식에 있어서 약간 구분을 하기도 합니다.

심고는 주로 일정한 장소나 일정한 의례가 없이 짧은 시간에 묵상으로 합니다. 반면에 기도는 일정한 장소, 일정한 기간, 일정한 의례를 갖추고합니다.

매일 아침저녁으로 법신불전에 올리는 심고를 조석심고(朝夕心告), 법회시간이나 모든 의식 행사 때에 때때로 올리는 심고를 묵상심고(默想心告)라고 합니다. 기도문을 작성하여 누군가가 대표로 기도문을 읽거나, 누군가가 대표로 즉석에서 모두를 위한 기도를 소리내어 할 때 여러 사람이 함께 들으며 기도를 올리는 설명기도(說明祈禱)와 일상생활 속에서 상대방을 위해 직접적으로 올려주는 실지기도(實地祈禱) 등이 있습니다.

심고와 기도를 올릴 때에는 '천지하감지위(天地下鑑之位), 부모하감지위(父母下鑑之位), 동포응감지위(同胞應鑑之位), 법률응감지위(法律應鑑之位), 피은자(彼恩者) 아무는 법신불 사은전에 고백하옵나이다!' 라는 방법으로 저마다 원하는 바에 따라 합니다. 이때 '하감지위' 라는 말은 위에서 아래를 굽어 살피는 존엄한 자리라는 뜻으로 천지은과 부모은이 우리를 위에서 굽어 살펴 보호해 주시라는 뜻을 표현하는 것입니다. '응감지위' 는 응하여 느끼고 보호해주는 자리라는 뜻으로 동포은이나 법률은은 좌우에서 기운을 응하고 도와주며 보호해 달라는 뜻을 표현하고 있습니다. 피은자는 천지·부모·동포·법률로부터 끊임없이 은혜를 입고 사는 사람이란 말입니다. 이러한 모든 뜻을 담아 간략하게 '법신불 사은이시여!' 하고 법신불을 부르며 하는 경우도 있습니다.

심고와 기도는 약간의 형식적인 방법이 필요할 경우도 있지만, 형식에 구애받지 않고 누구나 언제 어느 곳에서나 할 수 있습니다.

즐거울 때는 감사의 심고와 기도를, 괴로울 때는 참회의 심고와 기도를…. 언제 어느곳에서나 심고와 기도를 함으로써 법신불 사은을 모시고 사는 마음이 중요한 것입니다.

Q 013 원불교인의 하루 생활

원불교인들은 과연 하루를 어떤 마음가짐으로 생활할까요?

원불교 종법사이셨던 대산종사님의 '수도인의 세 가지 일과' 라는 법문에 기초하여 원불교를 신앙하고 수행하는 교도들은 하루 일과를 다음과 같이 생활 합니다.

먼저 아침은 수양정진(修養精進)시간으로 좌선이나 기도를 통하여 새 마음을 기릅니다. 자신이 사는 곳으로부터 가까운 곳에 교당이 있으면 아침 일찍 교당의 좌선시간 또는 기도시간에 참여하여 하루를 좌선이나 기도로 시작합니다. 혹시 교당에서 먼 곳에 거주한다면 아침 일찍 일어나 법신불 사은전에 기도를 올리거나, 조용히 좌선하는 시간을 가진다면 하루를 깨끗하고 맑은 정신으로 시작할 수 있습니다.

낮은 보은노력(報恩努力)시간으로 부지런히 활동하여 사은의 은혜에 보답하여 나날이 새 세상을 만들어 가는 것입니다. 우리가 하루하루 살아갈 수 있는 것은 천지, 부모, 동포, 법률 등 사은께서 끊임없이 은혜를 주시기 때문입니다. 그래서 은혜에 보답하는 마음으로 낮 생활을 할 때에는 부지런하며, 은혜로운 세상을 만드는 데 노력하는 것입니다.

밤은 참회반성(懺悔反省)시간으로 하루 동안 몸과 입과 마음으로 다른 사람 내지는 생명에게 해를 끼치지는 않았는지 반성하고 참회하여 나날이 새 생활을 개척하고자 하는 것입니다. 하루를 열심히 생활하였다 할지라도 밤에 조용히 하루를 되돌아보면 후회할 일과 잘못한 일이 많습니다. 그렇기 때문에 하루를 마무리하면서 '오늘 하루 내 행동에 부끄러운 점은 없었는지', '오늘 하루 나의 잘못된 말로 인하여 혹시 누군가에게 상처를 주지는 않았는지', '오늘 하루 나쁜 마음으로 일을 하여 일을 그르치지는 않았는지', 이처럼 하루의 지낸 바를 돌이켜 뉘우치고 반성하는 시간을 가진다면 날마다 새로운 생활, 더 나은 생활을 가꾸어갈 수 있게 되는 것입니다.

아침에는 수양정진시간, 낮에는 보은노력시간, 밤에는 참회반성시간, 이것이 바로 원불교인의 하루 생활입니다.

Q 014 교도 4종 의무

원불교 교도로서 새로운 삶을 시작하시고자 하는 분들은 교도로서 수행해야 할 몇 가지 의무를 가집니다.

교도의 의무는 조석심고(朝夕心告)의 의무, 법회출석(法會出席)의 의무, 보은헌공(報恩獻供)의 의무, 입교연원(入敎淵源)의 의무가 있습니다. 이것이 모두 네 가지이기 때문에 보통 교도의 사종의무(四種義務)라 합니다.

조석심고의 의무는 아침저녁으로 심고를 올려야 하는 의무를 말합니다. 목탁신호에 따라서, 또는 목탁신호가 없는 경우에는 어느 곳에서든지 잠시 두 손을 모으고 묵상으로 1분에서 3분 정도 심고를 올립니다. 이 때에는 삼세(전세·현세·미래세)를 통해 정신의 스승이 되어준 많은 부처님과 부모님, 그리고 진리 앞에 감사의 기도를 올립니다. 또한 진리께서 언제나 은혜와 위력을 주시기를 마음으로 기원하는 소중한 의무입니다.

법회출석의 의무는 법회에 빠지지 않아야 한다는 것입니다. 교도는 법회를 통하여 법을 훈련하고 신앙심을 고취할 수 있기 때문입니다. 또한 법회는 교도로 하여금 진리적인 삶을 살 수 있도록 하는 길을 여는 모임이기 때문에 반드시 참석해야 합니다.

보은헌공의 의무는 두 가지 기본적 뜻을 가지고 있습니다. 하나는 우리는 항상 사은의 은혜를 입고 살기 때문에 감사의 마음으로 이를 조금이라도 갚아 간다는 것이고, 또 한 가지는 교당의 유지와 발전을 위한 것입니다. 보은은 일정액의 금액을 법신불전에 올리는 것을 비롯하여 육체적으로 보은할 수도 있고, 정신적으로 마음을 나누고 함께하는 것을 다 포함하는 것입니다.

입교연원의 의무는 원불교에 입문하여 무한한 복(福)과 혜(慧)를 닦을 수 있는 기쁨을 다른 사람과 나누고자 하는 노력을 기울이는 것입니다. 누군가가 나의 연원이 되어 나도 교도가 되었듯이 나 또한 다른 사람의 연원이 되어 진리의 길로 인도할 의무를 갖는 것입니다.

교도 4종 의무를 충실히 이행하는 것은 곧 복과 지혜를 장만하는 터전을 닦는 것입니다. 단순한 의무가 아니라 의무를 통해 성숙한 신앙인의 모습을 가꾸어 갈 수 있기 때문입니다.

Q 015 동남풍(東南風)

늘 부는 바람이지만 어느 시기에는 따뜻한 바람으로 느껴지기도 하고, 어느 시기에는 매서운 바람으로 느껴질 때도 있습니다. 바람도 계절에 따라 불어오는 방향에 따라 북서풍(北西風), 남서풍(南西風), 동남풍(東南風) 등 여러 바람이 있습니다.

동남풍은 바로 동남쪽에서 불어오는 따뜻한 바람을 가리키는 말입니다. 동남풍은 만물에 생기를 불어넣고 새롭게 생명을 태어나게 합니다. 그래서 종교가에서도 동남풍에 대한 언어를 사용합니다. 이는 도덕의 바람으로 모든 생령들을 살리려 하기 때문에 종교활동을 비유하는 낱말로 많이 사용하는 것입니다.

원불교에서도 소태산 대종사님께서 "동남풍을 불리는 사람이 되라"는 법문을 해주셨기 때문에 모든 원불교인들은 마음씀씀이를 동남풍과 같은 사람이 되고자 노력합니다.

동남풍은 때로는 부처님과 보살들의 자비심에 비유되기도 합니다. 부처님과 보살들은 늘 자비심으로 만생령을 제도하기 때문입니다.

동남풍을 종교에 비유하는 것과 대조적으로 서북풍을 정치에 비유하기도 합니다. 종교가 모든 사람들의 마음을 은혜와 사랑으로 이끌어 준다면, 정치는 올바른 사회적 조건을 만들어 가는 역할에 비유되기 때문일 것입니다.

따뜻한 바람이 사람들의 두꺼운 옷을 벗게 하고 가볍고 산뜻한 옷을 입게 하듯이, 따뜻한 마음은 사람들의 마음을 밝게 하고 기쁨을 줍니다.

원불교에서 강조하는 '동남풍을 불리자' 라는 것은 내 마음이 은혜와 사랑으로 가득한 마음이 되고, 우리 마음이 은혜와 사랑으로 가득한 마음이 되자는 것입니다.
한 사람이 한 사람에게 동남풍을 불리며, 다시 그 사람들이 동남풍을 확산시켜 가다 보면 언젠가 모든 사람들의 마음에 싱그럽고 따뜻한 동남풍이 가득하게 될 것입니다.

Q 016 성불제중(成佛濟衆)

성불(成佛)은 부처를 이룬다는 것이며, 제중(濟衆)은 중생을 건 진다는 말입니다. 곧 성불제중은 부처가 되고 중생을 제도한다는 고귀한 서원입니다. 이는 원불교인이 갖는 최대 이상입니다. 원불교인뿐만 아니라 마음공부를 하는 모든 수행자의 목적지이기도 합니다.

원불교 초기 역사 가운데 여성교역자로서 활동하셨던 이동진화란 분이 계셨습니다. 이동진화님은 원불교에 귀의하기 전 소태산 대종사님께 한 가지 질문을 합니다.

"사람이 이 세상에 태어나 할 일 가운데 무엇이 가장 중요합니까?"

그 때 소태산 대종사님께서는 다음과 같이 말씀해 주셨습니다.

"훌륭한 스승님을 만나서 성불하는 것이며, 중생을 제도하는 것이다."

성불, 부처가 된다는 말은 곧 본래 우리 각자가 가진 부처님과 같은 성품을 잘 길러 부처님과 같은 인격을 이루어 가는 것입니다.

제중, 중생을 건진다는 말은 곧 깨달음을 얻어 중생들에게 깨달음을 얻도록 이끌어 준다는 말입니다.

좀더 가깝게 생각해보면 우리 주변의 모든 사람들에게 내가 가진 것이 비록 적을지라도 나누고 베풀며 함께하는 삶의 태도를 뜻합니다. 성불제중은 완성형이 아닙니다. 언제나 진행형입니다. 성불하면서 제중하는 것이며, 제중하면서 성불해 가는 것입니다.

내 마음을 비추어 보고 맑고 밝고 바르게 가꾸어 가며, 내 이웃을 살피면서 생활하는 평범한 삶이 곧 성불제중 해가는 삶이라 할 수 있습니다.

합장하며 기도합니다. "성불제중 하십시오!"

Q 017 서원(誓願)

서원의 한자는 맹세할 서(誓), 바랄 원(願)입니다. 곧 바라는 바에 대한 맹세라고도 할 수 있습니다. 보통 자기의 원하는 바를 이루고자 하는 소원과 비슷한 뜻으로 많이 사용됩니다. 그러나 소원이 자기의 원하는 바를 가리키는 낱말이라면, 서원은 소원 가운데 가장 커다란 소원을 이루고자 하는 맹세라고 할 수 있습니다.

서원은 가장 커다란 소망 곧 부처님이 중생을 제도하려는 맹세를 가리키는 경우가 많습니다. 또는 중생들이 부처님과 같이 되고자 맹세하고 소원하는 것이라고도 할 수 있습니다.

원불교에서는 특히 전무출신이 되어 스스로 부처가 되고 세상을 유익 주는 사람이 되기를 진리에게 올리는 맹세를 서원이라고 하며 대단히 고귀하게 여깁니다. 그래서 전무출신이 정식출가 의식을 할 때에 경건한 마음으로 법신불 앞에서 일생 동안 원불교 교단에 헌신하겠다는 서원문을 올리기도 합니다.

불가(佛家)에서는 한량없는 중생들을 남김없이 다 제도하리라는 서원(衆生無邊誓願度), 많은 번뇌를 남김없이 다 끊어버리겠다는 서원(煩惱無盡誓願斷), 한량없이 많은 법문을 남김없이 다 배우고 실천하겠다는 서원(法門無量誓願學), 무상대도인 불도를 기필코 이루리라는 서원(佛道無上誓願成)이라는 네 가지 크고 넓은 서원 즉 사홍서원(四弘誓願)을 강조하기도 합니다.

 이처럼 우리 모두가 원하는 소원 가운데 가장 큰 소원을 가리켜 서원이라고 표현합니다. 무엇보다 서원은 단지 원하는 것뿐만이 아니라 그와 같은 소원을 이룰 수 있도록 열심히 노력하며 정진하겠다는 맹세가 함께한다고 할 수 있습니다.
 원불교에서 중요하게 사용하는 경문 가운데 『일원상 서원문』에서는 '일원의 위력을 얻도록까지 서원하고 일원의 체성에 합하도록까지 서원함'이라 하여 진리에 합일하고자 하는 큰 서원을 강조하고 있습니다.

 모든 사람의 마음속에는 가장 아름답고 소중한 꿈들이 살아 있습니다. 그 꿈들을 크게 크게 키워가고 정성껏 가꾸어 간다면, 그것이 바로 원불교에서 말하는 서원을 이루어 가는 것입니다.

Q 018 교화(敎化)

사람이라면 누구나 자기가 좋은 것을 가지고 있으면 다른 사람에게 자랑하고 싶어합니다. 가까운 사람과 나누고 싶어합니다. 그리고 자기에게 기쁨이 충만하면 그 기쁨을 누군가에게 전해 주고 싶어합니다. 주위의 많은 사람과 나누면 그 기쁨이 더욱 더 충만해지기 때문일 것입니다.

믿음을 가진 사람들, 신앙생활을 하는 사람들은 특히 충만한 신앙의 기쁨을 나누고 싶어합니다. 마음의 빛나는 보석을 품은 듯 자랑하고 싶어합니다.

그래서 모든 종교의 신앙인들은 포교 또는 전도를 합니다. 보통 불교의 신앙인들은 포교를 한다고 하고, 기독교의 신앙인들은 전도를 한다고 합니다. 원불교의 신앙인들은 교화라는 표현을 씁니다. 포교가 널리 가르친다는 뜻이며, 전도가 하나님의 말씀을 전한다는 뜻이라면 교화란 말은 글자 그대로 가르침으로 변화시킨다는 뜻이 있습니다.

원불교에서 교화는 다만 원불교인으로서 입교를 하도록 권하는 것에 목적을 두지 않습니다. 원불교로 인도하여 원불교 교법으로서 훌륭한 인격으로, 신앙의 기쁨으로 살아가도록 하는 것입니다.

교화는 믿음이 없는 사람에게 바른 믿음을 갖게 하는 것입니다.
교화는 악한 사람을 착한 사람으로 변화하도록 하는 것입니다.
교화는 중생의 어리석은 마음을 깨우쳐 부처의 마음으로 돌리는 것입니다.
교화는 원불교 교법으로서 생활하도록 하는 것입니다.
교화는 기쁨으로 가득한 생활, 늘 감사하는 생활을 하도록 하는 것입니다.

초목이 아름다운 열매를 맺기 위해 드러내 보이는 마음의 참모습을 꽃이라고 할 때, 원불교인의 꽃은 바로 교화입니다.
주위에 아직 원불교를 모르고 있는 분, 마음공부의 기쁨을 모르시는 분이 있다면 서슴지 말고 다가서서 교화해 보시면 어떨까요?

Q 019 훈련(訓練)

전국의 원불교의 교당과 기관에서는 훈련을 많이 합니다. 특히 여름방학이 되면 어린이와 청소년을 중심으로 한 각종 훈련이 많습니다.

훈련, 소방훈련이나 군사훈련 등을 생각하면 조금은 경직된 느낌이 들 수도 있는 단어인 것 같습니다. 그러나 소방훈련 및 군사훈련의 훈련과 원불교에서 말하는 훈련은 약간 다른 뜻을 갖습니다. 두 가지 훈련 모두 말뜻을 그대로 생각해 보면 어떤 일에 익숙해지기까지 계속 가르치고 연습시킨다는 것이지만, 소방훈련이나 군사훈련에서의 훈련이 주로 몸의 훈련을 의미하는 것이라면 원불교에서의 훈련은 몸만이 아니라 마음의 훈련이라는 측면을 특히 더 강조한다고 할 수 있습니다.

대부분의 일은 처음하는 경우 어렵고 힘들게 느껴지기도 하지만, 제대로 하는 방법을 배우고 계속 익히면 언젠가는 익숙해지고 쉬워집니다. 예를 들어 운전을 하지 못하는 사람이 생각할 때 운전을 하는 것은 대단히 어렵습니다. 그러나 한 번 두 번 운전하는 법을 배우게 되고, 그 배운 것을 계속 연습하게 되면 언제부터인지 편안하고 자연스럽게 운전을 하고 있는 자신을 발견하게 될 것입니다. 운동선수도 정해진 방법에 따라 날마다 훈련을 하다보면 기량이 발전하는 날이 있고, 기계를 다루는 사람도 다루는 법을 거듭 훈련하면 능숙하게 기계를 다룰 수 있게 됩니다.

　마음공부도 마찬가지입니다. 화내고 어리석은 마음이 많은 사람이 날마다 원불교 교리로 단련하고 훈련하게 되면 화내고 어리석은 마음은 조금씩 자취를 감추게 됩니다.

　원불교는 훈련을 매우 강조합니다. 원불교의 법과 교리로써 끊임없이 훈련함으로써 참다운 신앙인·수행인이 되기 때문입니다. 불보살의 마음을 갖기 위해 끊임없이 중생의 마음을 단련하는 것이 바로 훈련입니다.

　원불교에서의 훈련은 정해진 기간에 정기적으로 법의 훈련을 받는 정기훈련법과 상시로 수행을 훈련하는 상시훈련법으로 구분하여 시행합니다. 집에서나 일터에서나 언제나 스스로 훈련을 할 수 있으며, 방학기간이나 일정기간을 정하여 누구나 원불교 훈련에 동참할 수 있습니다.

　훈련을 통한 자기 변화는 자신은 물론이지만 주위의 사람들과 좋은 관계가 이어지고 가족도 행복의 길로 접어들게 되는 것입니다.

Q 020 활불(活佛)

부처님, 부처님 하면 어떤 모습이 떠오르시나요? 보통은 법당에 조성되어 있는 거대한 부처님 모습을 먼저 떠올리게 됩니다. 입가에 잔잔한 미소를 머금으셨지만 항상 앉아계신 모습의 부처님, 화려한 단청이 어우러진 웅장한 법당 안에 계신 말없는 부처님…. 부처님에겐 보통 사람들과 다른 서른두 가지의 모습이 있다고 합니다. 흔히 불상에서 볼 수 있는 것처럼 정수리에 상투 모양의 육계가 솟아 있는 것도 그 모습의 하나입니다.

원불교에서 강조하는 부처님은 활불입니다. 살 활(活) 부처 불(佛), 살아 있는 부처님이란 뜻입니다. 살아 있는 부처님은 앉을 수도 서 있을 수도 있습니다.

살아 있는 부처님은 일을 할 수 도 있고 마음껏 크게 웃을 수도 있습니다.

원불교 초기 교단시절의 일입니다.

어느 날 소태산 대종사님께 "원불교의 부처님은 어디에 봉안하였습니까?" 하고 묻는 일행이 있었습니다. 그 때 소태산 대종사님께서는 "우리 집 부처님은 지금 밖에 나가 있는데, 잠시 후에 보게 될 것입니다" 라고 하셨습니다. 그리고 때마침 들에서 열심히 일을 하다가 농기구를 메고 들어오는 산업부원들을 가리키시면서, "저들이 다 우리 집 부처님입니다" 라고 하셨던 일화가 있습니다.

부처님은 여러 가지 모습과 특징으로 표현됩니다. 그런데 원불교에서 중요하게 여기는 부처님은 바로 살아 움직이는 부처님, 바로 활불입니다. 시장에서 열심히 장사를 하는 분들, 논과 밭에서 열심히 농사를 짓는 분들, 열심히 공부하는 분들, 운전하시는 분들, 사업하시는 분들 모두가 활불입니다.

항상 부처님과 같은 인격을 사모하며 부처님과 같이 되고자 열심히 노력하면서 자기의 맡은 바 책임에 최선을 다하는 분들이 바로 원불교에서 말하는 활불의 모습입니다. 저마다의 일터에서, 저마다의 가정에서 모두가 활불이 되어야 합니다.

Q 021 공부와 사업(工夫-事業)

공부하면 일반적으로 학교공부를 가장 먼저 떠올리게 됩니다. 그런데 원불교에서 말하는 공부는 조금 다른 뜻이 있습니다. 학교에서 배우는 것이 주로 문자나 지식위주의 공부를 말한다면, 원불교에서 배우는 것은 주로 마음공부, 진리공부를 뜻합니다. 진리는 마음이며 마음은 곧 진리이기 때문에 진리적 삶을 살기 위해서는 항상 마음공부를 하는 자세가 필요합니다.

사람의 마음은 정말 다양한 색깔과 모습을 가지고 있습니다. 열심히 일하고 싶은 마음이 있으면, 아무것도 하지 않고 무조건 놀고만 싶은 마음도 있습니다. 좋아하는 마음이 있으면, 무조건 싫어하는 마음이 있습니다. 정성스러운 마음, 정진하는 마음이 있는가 하면, 의심, 나태심도 있습니다. 공부는 사람의 마음이 이처럼 가지가지로 변화하는 것을 잘 비춰 보는 것입니다. 또한 이 마음을 참된 방향으로 이끌며 참된 실천을 해가는 것입니다.

사업은 공부하며 배우고 익힌 것을 생활 속에서 적극적으로 활용해가는 행위를 말합니다. 일반적으로 사업은 정치·경제·교육·산업 등 갖가지 일을 경영하는 것을 의미합니다.

원불교에서의 사업은 진리로부터 받은 은혜에 대해 보은하고 봉공하는 생활입니다. 그래서 자칫 이익만을 추구하거나, 사회에 해악을 끼치는 일을 하지 않는 것입니다. 모든 사람들에게 두루 이익을 주며 공중을 위한 공익사업이라야 합니다.

공부와 사업은 안과 밖의 관계라고 할 수 있습니다. 공부를 잘해야 사업을 잘할 수 있으며, 사업을 잘하려면 공부를 잘해야 합니다. 안으로 마음공부하고 밖으로 공익활동을 해가는 공부와 사업의 병행이 우리 생활의 이상적인 모습인 것입니다.

Q 022 범종은 왜 10번 울리나요?

원불교 중앙총부가 위치한 전라북도 익산시는 물론 교당 가까운 곳에 살고 있는 분들은 가끔 범종소리가 울리는 것을 들을 수 있습니다. 매일 새벽 또는 밤중에 울리기도 하고, 때로 낮 시간에 울리는 소리를 들으신 분이 계실 것입니다. 때로는 좌종소리를 듣기도 합니다. 그래서 때로 질문을 받기도 합니다.

"그런데 종은 몇 번 치는 거에요?"

"가끔 들리긴 하는데 언제 치지요?"

교당에 다니시는 분들은 의식이 시작될 때 울리는 10회의 좌종소리에 익숙해져 있습니다.

원불교에서는 많은 의례를 행할 때에 그 시작을 범종이나 좌종 10타 소리로 합니다. 이 밖에도 큰 행사가 있을 때는 행사나 의식이 시작되기 30분 전에 범종 10타를 울리고, 본행사가 시작될 때 다시 10타를 울립니다. 또는 원불교 교단 내에 긴급한 사항이나 큰일이 있을 때에 간혹 울리는 일도 있습니다.

그렇다면 왜 10타를 울릴까요?

그것은 종소리가 시방세계에 울려 퍼진다는 의미를 담고 있는 듯 합니다. 시방이란 동·서·남·북의 사방(四方)과 동북·동남·남·서북의 사유(四維)와 상·하의 열 가지 방향을 가리킵니다. 더 넓은 의미는 전세, 현세 그리고 미래세를 통칭한 전 우주를 가리킨다고 할 수 있습니다.

결국 범종이나 좌종 10타를 하는 이유는 범종소리가 시방세계 곧 우주를 향하여 울려 퍼져 그 소리를 듣는 모든 중생이 제도받기를 원하는 뜻을 담고 있다고 할 것입니다.

원불교에서는 이처럼 10타 외에 매일 새벽 5시에 33타, 저녁 10시에 28타의 종이 울립니다. 이것은 전통 불교의 영향이 있는 부분이라고 할 수 있습니다. 불교에서는 33천을 말하는데 욕계의 지옥, 축생, 아귀, 수라, 인간의 5계와 욕계6천, 색계18천, 무색계 4천등 모두 28천의 천상계를 합한 세계를 가리킵니다. 또한 천상계와 지옥계를 강조하여 28천의 천상계와 8열지옥, 8한지옥, 16권속지옥, 무간지옥을 가리키는 부분으로 이해할 수 있는데, 이러한 불교적 관점을 원불교에서도 수용하고 있다고 할 수 있습니다. 그래서 매일 33타와 28타를 울림으로써 시방세계의 모든 중생을 다 제도하고자 하는 뜻을 담고 있습니다.

의식에 참여하여, 또는 멀리서 범종소리를 들으신다면 마음 속 깊이 함께 기원해 주시면 좋을 듯합니다.

"시방세계 모든 중생들이 다 제도받게 하여 주소서."

Q 023 순교(巡敎)

종교가에서 보통 순교(殉敎)라는 용어를 사용할 때는 자기가 신앙하는 종교를 지키기 위해 목숨을 바치는 행위나 자신의 종교적 신념을 위해 활동하다가 순직하는 것을 의미합니다.

그런데 지금 소개하는 어루만질 순(巡)과 가르칠 교(敎)자를 쓰는 순교는 말 그대로 돌아보면서 마음을 어루만져 주는 원불교 교화 방법의 하나를 가리킵니다.

교당에서의 순교는 두 가지로 다시 구분하여 볼 수 있습니다.

첫째는 교당임원으로서의 순교를 들 수 있습니다. 재가교도 가운데 모든 교화를 도우며, 교도의 가정과 직장을 순방하고, 의식보급과 교당개척에 노력하는 것 등을 담당한 교당임원을 가리켜 순교라 합니다.

둘째는 출가교역자와 교도가 교화를 위해서 교도 가정을 방문하며 신앙 수행생활을 잘할 수 있도록 하는 모든 행위로서의 순교입니다.

어떤 의미에서든지 순교는 교도 또는 교도가 되기 전의 모든 사람을 향하여 원불교 교법으로서 생활할 수 있도록 도움을 주는 적극적인 교화활동인 것입니다.

　사람살이는 무수한 일들과 직면하게 됩니다. 새로운 생명이 태어나고, 결혼을 하고, 직장생활에 어려운 일이 생기기도 하고, 병원에 입원하기도 하고, 가까운 사람을 멀리 떠나보내야 하는 아픔을 겪게 되기도 합니다. 이처럼 삶 속에서 일어나는 많은 일들을 혼자서 감당하는 것은 너무나 버겁고 힘겨울 수 있습니다. 옆에서 격려해 주고 함께 즐거워하며 함께 슬픔을 나누어 주는 것만으로도 큰 힘이 됩니다.

　순교는 '옆에 있어서 좋은 친구' 와 같은 것입니다. 순교의 대상은 원불교에 다니지 않는 사람은 물론이고, 교도 가운데 신앙심과 수행심이 약해진 경우 또는 갖가지 어려움을 겪는 교도 등 모두가 될 수 있습니다.

　순교에 있어서 중요한 것은 어떤 경우이든 순교받는 대상과 기쁨과 슬픔을 함께 나누는 것이며, 특히 순교 받는 상대를 위하여 진리 앞에 진심으로 기도해 주고 독경해 주는 자세입니다. 한 가지 조심해야 할 것은 억지로 원불교 신앙을 강요하거나, 순교받는 사람의 사생활을 필요 이상으로 침해해서 안된다는 것입니다.

　'복 중에 인연복이 제일이라' 는 법문과 같이 순교활동을 통해 좋은 인연을 많이 맺어야 할 것입니다.

Q 024 신정법문 (新正法門)

한 해의 마지막 날 잠을 자게 되면 눈썹이 하얗게 된다는 속설이 있습니다.

새해 첫 날을 기다리는 소망이 간절하기 때문에 생긴 속설이 아닐까 싶습니다. 새해는 희망입니다. 원불교 교도들은 새해 첫날을 많이 기다립니다. 원불교의 법주(法主)인 종법사의 신정법문을 받들어 한 해의 삶을 스스로 약속할 수 있기 때문입니다.

신정은 양력으로 1월 1일을 가리킵니다. 그리고 신정법문은 새해 첫날인 1월 1일 새벽에 원불교 종법사님께서 한 해의 표준을 법문으로 내려 주시는 것을 말합니다. 묵은 해가 끝나고 새해가 시작되는 그 시간의 틈 사이에 신비로운 빛이 가로놓이듯, 종법사님께서는 신정법문을 내려 주십니다.

신정법문은 국내는 물론 해외의 교당과 기관은 물론 언론기관에 법문의 주요내용이 미리 유인물로 보내지게 됩니다. 신정법문은 새해 첫날 내려 주신 법문의 의미 이상의 뜻이 있습니다. 왜냐하면 한 해를 시작하는 날의 신정법문은 일년을 생활하는 마음의 자산이 되기 때문입니다.

누구나 처음 시작은 굳은 결심으로 하게 되지만 한 해를 마무리 할 때가 되면 많은 후회가 남게 되는 일이 허다합니다. 마음공부도 마찬가지인 것 같습니다. 새해 첫날 마음공부를 잘하여 무형의 자산가가 되겠다는 서원을 하지만 꾸준히 진행하는 것은 매우 어렵습니다. 그러나 새해 첫날의 신정법문을 일년 동안 마음공부의 표준으로 삼아 놓치지만 않는다면 진귀한 보배를 마음에 품고 사는 것과 같을 것입니다.

신정법문을 쉽게 일상생활 속에서 즐겨 부를 수 있도록 흥겨운 노래로 만들어 널리 알리기도 합니다. 노래를 만들어 널리 알리는 것도 신정법문을 마음속에 늘 품고 살도록 하는 뜻이 담겨 있습니다.

우리 교도 모두는 새해가 되면 종법사님께서 내려 주시는 신정법문을 표준 삼아 복된 한 해를 가꾸어 가야 할 것입니다. 아, 내년 신정법문은 어떤 말씀일까요?

Q 025 유무념대조(有無念對照)

연초에 계획을 잘 세워도 연말이 되면 결국 후회로 끝나고 마는 경우가 허다한 것 같습니다.

'금년에는 나의 잘못된 습관 하나는 꼭 고쳐야지!'

'금년에는 꼭 이건 해내고 말거야!'

이러한 결심을 하는 분들은 연말에 후회하지 않고 목표를 달성할 수 있는 길이 있습니다. 바로 유무념대조를 하는 것입니다.

유무념대조는 눈, 귀, 코, 입, 몸, 마음을 움직일 때 유념으로 했는지, 무념으로 했는지 대조하여 늘 유념으로 잘해 갈 수 있도록 노력해 가는 수행법입니다.

유무념이란 유념과 무념을 합친 말입니다. 유념은 눈, 귀, 코, 입, 몸, 마음을 움직일 때 주의심을 갖고 하는 것이며, 반대로 무념은 주의심이 없이 하는 것을 가리킵니다.

유무념대조는 모든 행동을 할 때 주의심(注意心)을 가지고 했는지, 주의심이 없이 했는지 늘 비추어 반성하며 노력해감으로써 자신을 닦아가는 것입니다.

유무념대조를 하는 내용은 예를 들면 전문적인 지식을 쌓기 위해 날마다 독서를 하는 것, 문을 여닫는 습관, 신발을 벗는 습관 등 자신의 이루고자 하는 목표 또는 일반적인 습관이나 사소한 문제가 되는 사항이 될 수도 있습니다. 그러므로 유무념 대조는 매일매일 하게 되는데, 하루에 몇 번 대조할 수도 있고, 수십 번 대조할 수도 있습니다.

유무념을 대조하는 방법은 예전에는 흰콩과 검정콩을 사용하여 유념을 했으면 흰콩, 무념을 했으면 검정콩을 주머니에 넣어 세는 법으로 하기도 했습니다. 요즈음에는 유무념대조 시계나 숫자가 기록되는 계수기 등을 사용하기도 하고, 수첩에 유무념 번수를 기재하는 방법으로 하는 경우도 있습니다.

유무념대조는 처음에는 모든 일을 할 때에 유념, 곧 주의심을 가지고 했는지 안했는지를 대조합니다. 그 다음 단계는 그 일의 결과가 잘 되었는지 못되었는지로 유무념대조의 폭을 넓히게 됩니다. 점점 유무념대조를 통하여 수행이 지속되면 모든 일을 할 때에 특별히 주의심을 가지지 않아도 참마음, 진실된 마음이 그대로 행위와 결과로 나타나게 됩니다. 그래서 모든 행동이 곧 은혜를 만들고, 모든 일이 은혜로운 결과를 낳게 됩니다.

오늘부터, 지금부터, 자신의 작은 습관부터 유무념대조로 바꾸어 보지 않으시럽니까?

Q 026 독경해액(讀經解厄)

A 대부분의 교당에서 근무하시는 교무님들은 매년 연초에 특히 바쁘게 생활하게 됩니다. 연초에는 교도님들 가정을 순교하시면서 독경을 해주시고, 가정기원을 해주셔야 하는 일이 많아지기 때문입니다.

물론 연중에도 가정독경은 이루어지지만 많은 교도님들이 연초에 가정기원독경을 선호하시는 편인 것 같습니다. 교당에서의 이러한 풍경은 독경해액이란 일반적인 풍속에서 비롯된 것이라고 할 것입니다.

우리나라의 재래 풍속 가운데 음력 정초가 되면 스님이나 앞이 보이지 않는 장님을 청하여 독경을 하게 했던 일이 있습니다. 독경을 함으로써 한 해의 재앙을 막고 가정과 가족의 복과 평안을 빌기 위함이었습니다. 그래서 독경으로써 액막이를 한다는 뜻의 독경해액이란 말이 있게 되었습니다.

원불교에서도 독경해액이란 말이 있습니다. 그러나 원불교에서의 독경해액은 일반적인 의미 이상의 좀더 깊은 뜻을 가지고 있습니다. 독경은 하는 사람이 경의 본뜻을 알지 못하고 다만 입으로만 경을 읽는다면 무조건 복을 비는 행위와 같이 자칫 미신적인 행위에 그쳐버릴 수 있을 것입니다. 또한 다른 사람을 시켜서 하룻밤 경을 읽고 만다면 그 효과를 장담할 수 없을 것입니다.

정산종사께서는 모든 경을 읽을 때에 그 경의 본뜻을 알아야 한다는 것과 다른 사람이 아닌 우리 스스로 각자 각자가 매일 경을 읽는 자세가 되어야 함을 강조하셨습니다.

또한 소리 내어 읽는 경만이 아니라 마음으로 읽는 경으로 액을 풀며, 꼭 정해진 시간에만 한하는 것이 아니라 모든 경계에서 늘 경을 읽는 자세로 임하는 것, 그리고 무엇보다 종이로 된 경전만이 아니라 현실 세상에 펼쳐져 있는 실지경전을 잘 읽고 활용하는 것으로 액을 풀어감을 밝혀 주신 것입니다.

새해를 맞이하여 독경을 하는 것은 뜻 깊은 행사가 될 것입니다. 다만 무조건 다른 사람에게 경을 읽게 하거나, 입으로만 경을 읽는 것으로 재앙이 물러나기를 바라서는 안될 것입니다.

교무님이 독경을 해주시거나, 또는 다른 교도님들이 함께 독경을 하시거나, 또는 홀로 독경을 하거나 독경해액의 참된 의미를 알고 생활 속에서 활용해간다면 모든 재앙을 멀리 할 수 있을 것입니다.

Q 027 네 덕 내 탓

원불교에서 발행한 스티커 문구 가운데 잊혀지지 않는 문구가 있습니다.

바로 '네 덕 내 탓'이란 문구입니다. 이 말은 원불교인 내지는 신앙인의 기본마음가짐을 나타낸 좋은 문구라 할 수 있습니다.

'네 덕'은 모든 것이 당신의 은혜요, 당신 덕분이란 말입니다. '내 탓'은 모든 잘못은 나로부터 비롯된 것이란 뜻입니다.

원불교인 신앙의 기본자세는 "원망생활을 감사생활로 돌리자"라는 것입니다. 많은 사람은 자신에게 좋지 않은 일이 생기면 누군가를 원망하고 다른 사람의 탓으로 미루는 경우가 있습니다. '네 덕 내 탓'은 원망보다 감사의 마음을 갖는 것으로 어떤 일이 잘못되었으면 먼저 나는 무엇을 잘못했는가 자신을 돌아보는 태도와 다른 사람들이 나에게 베풀어준 은혜를 발견하고 감사한 마음을 가져야 한다는 것입니다.

모든 일에 감사하는 마음, 감사생활을 하게 되면 원망하는 마음, 원망생활은 점점 자취를 감추게 될 것입니다.

'네 덕 내 탓' 이란 말은 언제나 감사생활을 하자는 말입니다. 생각해 보면 내가 숨쉬는 것, 내가 살아가는 것이 모두가 은혜이며 감사한 것입니다. '네 덕' 은 곧 모든 것에 감사한 태도를 강조한 것이며, '네 탓' 은 모든 일에 스스로를 먼저 살피라는 것입니다.

자신을 먼저 살피며, 모든 일에 감사한 태도로 살아갈 수 있는 방향을 제시한 간단하면서도 시원스럽게 표현된 말 '네 덕 내 탓' 을 마음속에 간직하시면 좋은 인생, 명쾌한 인생이 열릴 것입니다.

Q 028 중근병(中根病)

보통 사람들이 모인다거나 무슨 일을 할 경우, 그 사람들을 그 상황에 맞게 구분하는 경우가 참 많게 됩니다. 예를 들면 성적이 우수한 사람, 보통인 사람, 열등한 사람으로 나누는 것과 같은 경우입니다.

원불교에서는 신앙·수행하는 사람들을 근본 마음자세에 따라 세 가지 근기, 곧 상근기(上根機)·중근기(中根機)·하근기(下根機)로 구분합니다. 상근기는 가장 뛰어난 지혜를 가지며 어떤 어려움에도 신앙과 수행에 정진할 수 있는 근기라면, 하근기는 재질이나 지혜가 부족한 사람을 가리킵니다. 중근기는 아마도 특별히 뛰어나지도 특별히 모자라지도 않는 보통사람들의 근기를 가리키는 것이라 할 수 있습니다.

이 중근기의 보통사람들이 걸리기 쉬운 병이 바로 중근병입니다. 중근병은 어려운 경계를 만나서 몸과 마음이 힘들 때에 걸린다거나, 모든 일이 순조롭게 잘되고 특별한 어려움 없이 생활할 때 찾아오기도 합니다.

중근병의 증상은 여러 가지가 있지만, 대체적으로 살펴보면 법과 스승을 믿지 않고 자기의 마음에 대조해서 저울질한다거나, 너무 열심히 신앙생활을 하려다 보니 조급한 마음이 생겨 오히려 믿는 마음이 물러선다든지, 또는 신앙심에 게으름이 생기거나 복잡한 현실에서 도망하고 싶은 마음이 생기는 등의 증상입니다.

또한 나보다 열심히 신앙생활을 하거나 교리공부를 하는 이를 대하면 시기심이나 질투를 느끼고 깎아 내리려고 하는 자세가 된다든지, 내가 잘하고 있는 것에 대해 교만하거나 스스로 잘난 체하는 증상, 공중을 먼저 생각하지 않고 이기심에 사로잡힌다든지, 원불교의 진리가 아닌 다른 것에 마음을 빼앗기는 증상 등을 말합니다.

이 밖에도 중근병의 증상은 다양하게 나타날 수 있는데, 이러한 병증이 눈에 보이는 병이 아니기 때문에 자신도 중근병에 걸린 것을 모르거나, 소홀히 할 수 있습니다. 그러나 중근병은 마음을 병들게 하고, 마음이 병들면 그 사람 자체가 병들 수 있게 됩니다.

이러한 중근병을 이겨내기 위해서 먼저 내 마음의 상태를 잘 진단하고 더욱 더 강한 신앙의 힘으로 병을 잘 치유해 나가야 할 것입니다. 보통 사람이 신앙과 수행생활을 계속하다보면 일생을 통하여 몇 번씩 중근병에 걸릴 수 있습니다. 항상 나의 마음을 살피고 대조함으로써 중근병의 고비를 잘 넘길 수 있도록 해야 하겠습니다.

Q 029 사대불이신심(四大不二信心)

어떤 종교를 선택하든지, 종교인에게 믿는 마음은 가장 중요합니다. 이처럼 믿는 마음이 지극한 사람에게 신앙심이 대단하다, 또는 신심이 장하다라는 말을 하곤 합니다.

원불교에서도 믿는 마음은 대단히 중요합니다. 종교인에게 믿음은 신앙생활의 바탕이기 때문입니다. 이러한 믿음을 강조하는 용어 가운데 하나가 바로 사대불이신심(四大不二信心)입니다. 네 가지 큰 둘이 아닌 신심이라는 말입니다.

사대불이신심은 원불교의 참다운 신앙인이 되기 위해 필요한 네 가지 큰 신앙심이라고도 할 수 있습니다. 이 사대불이신심은 소태산 대종사님, 정산 종사님에 이어 법맥을 이으신 대산 종사님께서 밝혀주신 것입니다.

사대불이신심의 첫째는 진리와 내가 하나가 되는 신심입니다. 일원상의 진리, 곧 불생불멸과 인과보응의 이치를 굳게 믿으며, 언제나 진리를 신앙하며 진리적 삶을 살고자 하는 믿음을 말합니다.

사대불이신심의 둘째는 스승과 내가 하나가 되는 신심입니다. 진리를 믿고 깨치신 스승님을 믿어 그 지도와 가르침을 받으며, 닮아가고자 하는 믿음을 말합니다.

사대불이신심의 셋째는 법과 내가 하나가 되는 신심입니다. 일원상의 진리와 사은사요·삼학팔조를 중심으로 한 모든 교리가 곧 정법임을 믿고 수행해 가는 믿음을 가리킵니다.

사대불이신심의 넷째는 회상과 내가 하나가 되는 신심입니다. 함께 모여 공부와 사업을 하는 원불교 회상이 대도정법회상임을 믿고, 이 회상에서 수행 정진할 것을 서원하는 믿음을 말합니다.

이 사대불이신심은 원불교 교도가 된 후 차츰 신앙심이 깊어지면서 조금씩 그 의미가 자신의 마음속에 자리잡게 되는 것입니다. 사대불이신심이 투철한 사람은 그 공부의 단계가 높지 않아도 바로 출가위에 오를 수 있는 싹을 틔운 사람과 같다고 할 수 있습니다. 반대로 사대불이신심이 마음 가운데 자리하지 않는다면 작은 경계에 흔들리고 스스로 공부심을 놓치는 중근병에 빠져들기 쉽습니다.

우리 모두 진리·스승·법·회상과 늘 하나되는 믿음을 굳건히 하여 마음공부를 하는데 큰 진전이 있어야 할 것입니다.

Q 030 참회(懺悔)

사람이 사람다운 것은 아마도 후회와 반성을 하기 때문일 것입니다.

참회는 과거에 매달리거나 연연하는 것이 아닙니다. 현재와 미래를 잘 가꾸어 갈 수 있게 하는 것입니다. 그래서 종교의 가르침 중에 강조되는 것이 바로 참회인 것입니다. 원불교에서도 참회를 대단히 중요하게 여깁니다.

뉘우칠 참(懺), 뉘우칠 회(悔), 참회는 과거에 지은 죄업을 진정으로 뉘우치며, 잘못을 고백하고 또 다시 죄악을 범하지 않겠다고 엄숙히 맹세하는 것입니다. 참회의 방법은 이참(理懺)과 사참(事懺), 두 가지가 있습니다. 사참은 법신불 앞에서 진심으로 과거의 잘못을 뉘우치고 날로 선업을 쌓아가는 것입니다. 사참을 잘하려면 큰 서원을 세워 작은 욕심이나 사사로운 욕심을 끊고, 거짓 없는 마음으로 자신의 죄를 뉘우치는 것입니다. 그리고 다시는 같은 죄를 짓지 않도록 기도합니다. 동시에 생활에서는 날마다 새로운 마음으로 악업을 끊고 선업을 지어 가는 것입니다.

　이참은 원래 죄성(罪性)이 텅 빈자리를 깨쳐 안으로 모든 번뇌 망상과 사심잡념을 제거해 가는 것입니다. 본래의 밝고 맑은 마음을 찾아 죄라는 흔적조차 없는 자기를 발견하는 것입니다. 이참을 잘하기 위해서는 세상 모든 일이 다 마음이 들어서 짓는 것임을 확실하게 알고, 우리의 본래 마음은 죄업조차 텅빈 것임을 알아 죄를 짓지 않는 것입니다.

　지난날의 잘못을 뉘우치기는 쉬울 수 있습니다. 다시 같은 잘못을 범하지 않기가 어려운 것입니다. 진정으로 참회한다는 것은 똑같은 악업을 다시 짓지 않는 것입니다.

　진리 앞에서 죄업을 후회하며 '다시는 그런 죄는 짓지 않겠습니다!' 라고 맹세해 놓고, 또다시 똑같은 죄를 반복하여 짓는다면 이는 진리를 속임은 물론 자기 자신도 속이는 것입니다.

　그러나 아무리 큰 죄를 지었다 하여도 진심으로 참회하고 다시 똑같은 악업을 짓지 않으면서 날마다 선업을 짓기에 힘쓴다면 그 사람은 분명 새로운 사람으로 거듭나 새로운 삶의 기쁨을 찾을 수 있을 것입니다. 눈물이 지상에서 가장 투명한 시(詩)인 것처럼.

　원불교의 참회문(懺悔文)이나 참회게(懺悔偈)를 늘 가까이 하고 외움으로써 진정한 참회생활을 함께해 가는 나날이 되어야 할 것입니다.

Q 031 신분검사(身分檢査)

A

　당신은 어떤 큰 사업이나 일을 한 이후 그 사업이나 일을 조용히 평가하고 돌이켜 보시나요? 한 달을 보내고, 또는 일년을 보낸 이후에 나의 한 달, 나의 일년을 세밀하게 돌이켜서 결산해 보고 계신가요?

　원불교에서 시행하는 신분검사는 자기가 자기 스스로의 생활을 검사하는 방법을 가리킵니다. 다른 사람이 나를 검사하는 것이 아니라 내 스스로 내 자신을 검사하는 것입니다.
　신분검사법은 1927년(원기 12년) 2월에 소태산 대종사님이 제정 발표하여 제자들로 하여금 스스로 시행하게 한 것으로부터 시작됩니다. 당시에는 동선 해제할 때 실시하였으며, 그 내용은 현재 시행하고 있는 것의 원형적인 형태라 할 수 있습니다.
　신분검사는 주로 정기훈련이 끝난 후 실시해 왔지만, 요즈음에는 출가교도의 경우 한 해를 마무리하는 연말에 주로 출가교화단회 때에 실시하고, 재가교도의 경우 소속 교당별로 실시하고 있습니다.

 신분검사의 내용은 먼저 당연등급(當然等級)과 부당등급(不當等級)을 검사하는 것입니다. 당연등급은 신심·서원·공심·겸양·통제 등 23개 항목이며, 부당등급은 살생·도둑질·간음 등 33개 항목으로 되어 있습니다. 당연등급과 부당등급을 검사하여 선과 악, 죄와 복의 요소가 어느 정도에 있는지 스스로 알게 하는 것입니다.

 신분검사의 내용에는 수지대조도 있습니다. 자신의 수입과 지출의 내역을 정확하게 알고, 특별한 노력 없이 다른 사람에게 받은 것과, 다른 사람에게 베풀어 쓴 액수를 가능한 산출하여 결산해 보는 것입니다. 이처럼 수지대조는 자신이 복을 짓고 사는지, 빚을 지고 사는지 스스로 점검할 수 있는 것입니다.

 내 마음 씀씀이는 어느 정도인지, 지난해에 비해 금년의 내 삶은 어떤 변화가 있었는지, 나 자신의 장점과 단점은 어떤 것인지, 복을 짓는 생활을 하였는지 아니면 죄를 짓는 생활을 하였는지 …. 이처럼 자기가 자기를 점검함으로써 스스로 부처와 같은 인격을 가꾸어 갈 수 있도록 안내하는 것이 바로 신분검사라고 하는 것입니다.

 연말이면 여러 가지 일로 바쁘겠지만, 내 자신을 돌아보며 스스로 신분검사를 한다면 바람직한 한 해 결산이 될 것입니다.

3 교리 쉽게 알기

32. 교리도 / 33. 처처불상 사사불공 / 34. 파란고해
35. 원불교의 이상향 / 36. 일원상 서원문 / 37. 불생불멸
38. 인과보응 / 39. 언어도단 / 40. 은생어해 해생어은 / 41. 소태산 대종사님 게송
42. 은혜 / 43. 사은 / 44. 응용무념의 도 / 45. 자력양성 / 46. 지자본위
47. 타자녀 교육 / 48. 공도자 숭배 / 49. 조물주 / 50. 육도사생1 / 51. 육도사생2
52. 진급 강급 / 53. 진급하는 사람, 강급하는 사람 / 54. 대소유무 / 55. 상생상극
56. 경계 / 57. 삼학 / 58. 팔조 / 59. 일상수행의 요법 / 60. 계문 / 61. 삼십계문1
62. 삼십계문2 / 63. 솔성요론 / 64. 원불교의 좌선법 / 65. 주문 / 66. 여의보주
67. 대원정각 / 68. 대기사 / 69. 방편 / 70. 법위등급 / 71. 법계 / 72. 천록
73. 심전계발 / 74. 호풍환우 이산도수 / 75. 삼동윤리

Q 032   교리도 (敎理圖)

읽기 힘든 책이나 글을 그림이나 도형으로 나타내면 이해하기가 훨씬 쉽습니다. 그것은 그림이나 도형은 여러 가지 뜻을 함축적으로 잘 보여 주기 때문이라고 생각됩니다.

원불교 기본교리를 쉬운 도식으로 그려서 나타낸 것이 교리도입니다.
교리도는 원불교전서의 가장 앞쪽에 위치되어 있는 교리에 관한 그림입니다.
교리도는 원불교 기본교리를 일목요연하게, 그리고 중요한 내용이 체계적으로 정리되어 있습니다. 그래서 교리도를 통해 원불교 교리를 전반적으로 이해하고, 쉽게 이해할 수 있습니다.

원불교 교리도의 모습은 거북이 형상을 도형화한 듯 보입니다. 맨 위에 일원상이 모셔져 있고 그 아래 가운데 부분에는 일원상의 진리, 그리고 게송의 내용이 담겨져 있습니다. 그리고 그 좌우로 사은사요를 중심으로 밝혀 놓은 신앙문, 삼학팔조를 중심으로 밝혀 놓은 수행문으로 구성되어 있습니다.

　마치 거북이 네 발의 위치와 같이 위, 아래, 좌우에는 사대강령이 담겨져 있습니다.

　동양에서 거북이는 신령스러운 동물의 하나이고, 오랜 수명을 가진 것으로 유명합니다. 교리도도 이러한 거북이 모습을 통해 원불교 교법의 위대함과 그 위대함이 오래오래 계속된다는 뜻을 추측해 볼 수 있습니다.

　원불교 교조 소태산 대종사님께서는 교리도를 아래와 같이 표현하셨습니다.

　"내 법의 진수가 모두 여기에 들어 있다. 이대로만 수행한다면 빈부귀천·유무식 남녀노소를 막론하고 성불 못할 사람이 없을 것이다."

　교리도는 원불교 교법의 중요한 내용이 담겨져 있습니다. 그 내용을 이해하고 그대로 실천한다면 바로 부처의 길을 걸어가는 것이 됩니다.

　원불교 교리를 한 눈에 보고 싶다면, 그리고 가장 간략하게 마음 속에 그려보고 싶다면 교리도를 보시면 됩니다.

Q 033 처처불상 사사불공(處處佛像 事事佛供)

처처불상 사사불공을 쉽게 해석하면 '곳곳이 부처님, 일마다 불공'이란 뜻입니다. 이 세상 모든 사람, 모든 만물이 다 부처님이기 때문에, 모든 사람을 대할 때 모든 일을 할 때 부처님을 대하듯이 부처님께 공양하는 자세로 살아 가자는 것입니다.

불상은 부처님의 모습을 조성한 것을 말합니다. 그래서 보통 불상에서만 부처님을 상상하게 됩니다. 그러나 부처님은 불상만이 아닙니다. 우주만물 모두가 부처이며 어느 곳 어느 때나 부처님이 계십니다. 새소리, 물소리는 부처님의 음성이며, 풀 한 포기 작은 돌멩이 하나도 부처님입니다. 오직 여여하니 그 속에 바로 부처님이 계십니다. 물건을 파는 사람, 농사 짓는 사람, 남녀노소 누구나 부처님입니다. 그러므로 지금 내가 대하는 사람, 대하는 모든 만물을 다 부처님으로 대하자는 것입니다.

불공은 보통 부처님께 올리는 공양을 뜻합니다. 부처님께 공양

할 때는 부처님에 대한 존경의 마음과 겸손한 태도로 하게 됩니다. 사사불공은 이와 같이 어느 곳에서나 누구를 대하든지 무슨 일을 하든지 부처님을 향한 마음가짐을 가지라는 것입니다.

처처불상 사사불공은 늘 내 곁에 부처님을 모시고 다니는 것과 같은 것입니다. 따라서 눈에 보이는 모든 것을 소중하게 바라볼 수 있고, 만나는 모든 인연을 사랑으로 대할 수 있게 됩니다.

처처불상 사사불공은 과거나 미래가 아닌 지금, 우리가 살고 있는 시점을 가장 중시하는 말이기도 합니다. 과거의 부처님이나 미래의 부처님이 아닌 현재 우리가 만나고 있는 부처님을 발견하고 어제나 내일이 아닌 오늘 이 시간에 부처님을 향한 마음과 같이 최선을 다하자는 깊은 뜻을 담고 있는 것입니다.

Q 034 파란고해(波瀾苦海)

삶은 때로 물에 젖은 소금자루를 메고 가는 것처럼 지치고 힘든 경우가 있습니다. 살아간다는 것이 때로 넘기에 어려운 거대한 산처럼 느껴질 때가 있습니다. 험난한 파도를 거스른다는 생각이 들 때도 있습니다. 어느 누구에게 묻는다 해도 산다는 일이 늘 쉽고 좋기만 하다고 하는 사람은 없을 것입니다.

이처럼 인생을 살아가는데 있어서 겪는 많은 괴로움과 고통을 바다에 비유하여 나타내는 낱말이 파란고해입니다. 물결 파(波), 물결 란(瀾), 쓸 고(苦), 바다 해(海), 말 그대로 파란고해는 끊임없이 파도가 이는 고통의 바다입니다. 파(波)는 작은 파도를, 란(瀾)은 큰 파도라고 하여 파란은 큰 파도와 작은 파도가 멈추지 않고 계속된다는 뜻입니다. 파란고해는 바다에 파도가 심하면 배를 타고 건너가기가 힘들 듯 어렵고 힘들어 고통스럽게 느껴지는 세상을 험하고 세찬 바다에 비유하는 말입니다.

원불교 개교의 동기에서는 앞으로 물질문명이 눈부시게 발달되지만, 오히려 물질을 사용하여야 할 사람의 정신이 극도로 약해져 물질의 노예생활을 하게 될 가능성이 많음을 밝히고 있습니다.

사람의 행복과 편리를 위한 물질문명의 발전이지만, 제대로 활용하지 못할 뿐 아니라 오히려 인간의 존엄성과 영성이 물질위주의 삶 속에서 매몰되기 쉽게 됨을 경고하고 있는 것입니다.

요즈음은 돈을 제일의 가치로 삼는 풍조, 쾌락과 향락위주의 풍조, 물질위주의 지나친 이기주의, 윤리 도덕의 타락 등 여러 가지 문제로 인해 바른 삶을 살아간다는 것이 참으로 힘든 과제가 되고 있습니다.

과학이 발전됨에 따라 손쉽고 편리해진 것도 부인할 수 없는 사실입니다. 그러나 과학의 속도에 비례하여 우리의 행복지수도 높아졌다고 보기는 어려운 것 같습니다.

어쩌면 이전에도, 지금도, 앞으로도 파란고해의 삶은 계속될지 모릅니다. 그러나 파란고해를 슬기롭게 건너갈 수 있는 방법이 있습니다. 원불교에서는 원불교 교법을 통해 그 방향로를 제시하고 있습니다.

원불교 교법을 신앙하는 생활은 마치 능숙한 항해사가 바다를 헤쳐 가듯이 파란고해를 헤쳐 가실 수 있게 합니다. 한번 가까이 해 보시는 것이 좋을 것입니다.

Q 035 원불교의 이상향

종교는 대부분 그 가르침을 수용하는 신자들이 가고 싶은 이상향을 제시합니다. 정토, 천국, 극락, 무릉도원, 선경 등은 우리가 알고 있는 기존 종교들이 제시하는 이상향입니다.

유토피아! 사실 종교인뿐만 아니라 누구나 한번쯤은 이상세계를 꿈꾸곤 했던 경험이 있을 겁니다.

원불교도 이상향을 표현하는 많은 용어가 있습니다. 극락, 일원세계, 낙원세계, 미륵불세계, 용화회상 등 이 가운데 원불교의 가장 대표적인 이상세계의 표현은 바로 낙원세계라고 할 수 있습니다.

소태산 대종사님은 개교의 동기에서 '파란고해의 일체 생령을 광대무량한 낙원으로 인도하려 함이 그 동기'라 하며 원불교가 지향하는 이상세계를 광대무량한 낙원으로 나타내셨습니다.

원불교에서 건설하고자 하는 광대무량한 낙원세계는 어떤 세상을 말할까요?

첫째, 물질문명과 정신문명이 조화롭게 발달되는 세계입니다. 정신문명이 빠르게 발달하는 과학문명을 잘 선용할 수 있으며, 정신문명이 주체가 되는 세상입니다.

둘째, 정치와 종교가 조화를 이루는 세계입니다. 종교가 추구하는 이상적인 세계가 정치를 통해 잘 실현되는 세계라 할 수 있습니다.

셋째, 모두가 은혜임을 알아 감사와 보은의 마음이 충만한 세상입니다.

넷째, 모두가 참다운 진리를 아는 크게 밝은 세상을 가리킵니다.

이와 같은 광대 무량한 낙원세계는 죽음 이후에 갈 수 있는 세상이 아닙니다. 먼 미래에 세워질 세상도 아닙니다. 원불교 신앙을 하지 않는 사람은 절대 갈 수 없는 곳이란 표현도 맞지 않습니다. 우리가 살고 있는 세상이 아닌 다른 곳에 세워질 세상도 물론 아닙니다.

낙원세계는 지금, 이 곳에서, 우리가 세우고 있는 세계입니다. 오늘 마음을 열고, 참다운 삶을 살아가고자 한다면 낙원세계를 세우고 있는 분입니다. 우리는 '나 한사람이 어떻게 그렇게 큰 일을 할 수 있을까?' 하는 의심은 갖지 말아야 합니다. 나 한 사람부터, 지금부터, 내가 머무는 이 자리에서부터, 낙원세계 건설은 시작됩니다. 우리가 사는 공간, 그 속에 일월이 뜨고 지고, 그 속에 세월이 강물처럼 흐르고, 그 속에 낙원세계가 있기 때문입니다.

Q 036 일원상 서원문(一圓相 誓願文)

진리의 위력을 얻고 진리와 하나되도록 간절히 서원을 올리는 경문(經文)이 일원상 서원문입니다.

대다수의 종교에는 가장 중요하게 여기며 암송하는 경문이나 구절이 있습니다. 원불교인들이 가장 많이 암송하며 소중하게 생각하는 경문은 바로 일원상 서원문입니다. 일원상 서원문은 306자로 되어 있으며, 그 내용은 원불교의 기본교리인 일원상의 진리·사은·삼학 등이 집약되어 담겨져 있습니다. 또한 원불교 교조이신 소태산 대종사님의 서원과 깨달음의 위력이 담겨져 있습니다. 그리고 진리를 깨닫고 진리의 위력을 얻고자 하는 모든 수행하는 사람들의 염원이 담겨져 있습니다.

일원상 서원문은 진리를 담은 경문입니다. 그래서 이 경문은 입과 마음으로 염송하는 것만으로도 진리의 은혜를 받을 수 있습니다. 그러므로 원불교인은 선(禪)과 기도를 할 때, 각종 의례를 행할 때에 일원상 서원문을 염송(念誦)합니다. 그 밖에도 참다운 신앙과 수행의 힘을 얻기 위해 수시로 염송하기도 합니다.

즉심시불(卽心是佛), 곧 마음이 곧 부처라는 구절을 '짚신 세벌'이란 말로 잘못 알아듣고 열심히 염송하였던 노파의 이야기가 있습니다. 그 노파는 지극한 서원과 정성으로 항상 '짚신 세벌'을 염송하였기 때문에 성불(成佛)할 수가 있었습니다.

일원상 서원문을 염송하는 우리의 마음도 이와 같습니다. 진리의 위력을 얻고 진리와 하나되고자 하는 간절한 서원이 있어야 합니다. 지극히 정성스러운 마음으로 염송해야 합니다. 욕심·악한 마음·어두운 마음이 없이 가장 순수한 마음으로 염송해야 합니다. 지극하게 염송하면 지극한 위력을 얻는다는 믿음이 중요합니다.

이러한 마음으로 일원상 서원문을 항상 입으로 마음으로 염송하면 항상 진리의 보호와 도움을 받을 수 있는 것입니다.

Q 037 불생불멸(不生不滅)

불생불멸이란 생겨나지도 않고 없어지지도 않는다는 말입니다.

모든 존재는 탄생이 있고 죽음이 있습니다. 동식물 모두가 생과 죽음이라는 과정을 밟습니다.

무엇이든 생성의 과정이 있으면 소멸해가는 과정이 있습니다. 이처럼 모든 것이 생(生)과 멸(滅)의 과정을 밟는데, 단 하나 참다운 진리는 생도 멸도 없다는 것입니다.

이 세상의 모든 것은 변화하며 생성과 멸망의 길을 걸어가는데, 이러한 변화, 생과 멸을 있게 하는 진리의 움직임만은 변하지 않는다는 것입니다.

마치 이 세계 한쪽에서는 건물이 무너지고 많은 동물들이 늙음의 과정을 거쳐 죽어 가지만 다른 한편에서는 새로운 건물이 세워지고, 수많은 생명들이 새로 태어나듯이 한쪽으로만 보면 탄생이 있고 죽음의 과정이 있지만, 전체적인 안목으로 보면 그것은 다만 변화이며 세상을 움직여 가는 진리는 변하지 않고 여여자연(如如

自然)한 것입니다.

　우리의 마음에 비유하면 화내는 마음이 나기도 하고, 다시 없어지기도 합니다. 즐거운 마음이 나기도 하고, 다시 없어지기도 합니다. 이처럼 마음속에 기쁨, 슬픔, 사랑, 즐거움, 노여움과 같은 감정은 생겼다가 사라져갑니다.
　그러나 그 마음속에 있는 참된 마음, 본래 성품은 이러한 마음이 생기지도 사라지지도 않는 것입니다. 곧 불생불멸한 것입니다.
　그래서 화가 날 때, 좋지 않은 감정이 일어날 때 이러한 불생불멸한 참된 마음에 비추어 그 마음을 안정시켜 가는 것이 마음을 다스려 가는 방법 가운데 하나가 됩니다.

　세상에 모든 것은 생과 멸의 과정을 밟습니다. 그러한 과정을 밟게 된다는 진리는 불생불멸한 것입니다. 또한 우리의 본래 마음도 생과 멸이 없는 마음이기 때문에 불생불멸한 것입니다.
　우리는 소태산 대종사님이 깨달으신 '불생불멸과 인과보응의 진리'를 늘 가슴에 품고 살아야 진정한 삶을 살 수 있습니다.

Q 038 인과보응(因果報應)

인과보응이란 인과응보와 같은 의미의 단어입니다. 글자 그대로 보면 원인이 있으면 반드시 결과가 있게 된다는 말입니다. 소태산 대종사님께서는 우주의 진리를 불생불멸의 진리와 인과보응의 이치로 나누어 설명해 주셨습니다.

이 가운데 인과보응의 이치란 누구나 자신이 지은 대로 착한 인(因)을 지으면 착한 과(果가) 있게 되고, 악한 인을 심으면 악한 과가 있게 되는 것이 이 세상의 근본이치라는 것입니다.

어릴 적 많이 들었던 이야기가 있습니다.
'청소를 깨끗하게 하면 내생에 얼굴이 예쁘게 태어날 수 있단다.'
'어른들에게 인사를 공손히 하면 내생에 높은 지위를 얻을 수 있는 사람이 된단다.'
'인사를 잘하지 않고 거만하면 내생에 키가 작은 사람으로 태어난다.'
앞서의 말들이 갖는 공통점은 원인이 있으면 결과가 있다는 것입니다. 아마 어른들은 자신도 모르게 인과보응의 이치를 믿고 그와 같이 말씀하셨을 것입니다.

세상에는 수많은 민족과 국가가 있고, 수십 억명의 사람들이 살고 있습니다. 수십 만 종류의 직업이 있고 다양한 생활방식이 존재합니다. 남녀노소도 다 다르고 생김새 또한 모두가 다릅니다. 성격과 생각은 더더욱 각양각색입니다.

이처럼 모두 다른 모습으로 다른 생각을 하는 것은 무엇 때문일까요?

그것은 스스로 짓고 받게 되는 인과보응의 이치 때문입니다. 예쁜 것, 미운 것, 부유하게 사는 것, 가난하게 사는 것 등 모두가 인과보응의 이치를 벗어나지 않습니다. 모든 인생의 행복과 불행은 스스로가 전생과 이번 생을 통해 지은 바의 결과입니다.

보통 사람들은 '왜 나만', '어쩌다가 하필', '운명이거니' 하는 말을 사용합니다. 그렇지만 이 모든 것은 누군가가 억지로 준다거나 부여한 것이 아닙니다. 현실은 물론이지만 내 앞에 펼쳐질 미래도 내 스스로가 만들어 가는 것입니다. 내일의 결과는 갑자기 하늘에서 떨어진 것이 아니라 오늘 내가 어떤 계획을 하고 실천하는가에 따라 결정되는 것입니다. 인과보응의 이치란 자신의 행복과 불행 그리고 미래의 모든 것을 스스로 선택하고 개척해야 한다는 적극적인 운명관인 것입니다.

Q 039 언어도단(言語道斷)

일원상 서원문의 내용 가운데 '일원은 언어도단의 입정처이요.'라는 구절이 있습니다. 이 가운데 언어도단이란 말은 어떤 뜻을 갖는 것일까요?

보통 언어도단이란 말은 말문이 막힐 때 쓰는 말입니다. 어처구니가 없어 도저히 어떻게 말로 설명할 수 없을 때 '언어도단' 이란 말을 사용하게 됩니다.

그런데 이러한 뜻을 가진 낱말을 원불교에서는 진리의 본체 또는 본래마음을 나타내는 말로 쓰입니다. 곧 진리의 본체 또는 우리의 본래마음은 언어로써나 말로써는 도저히 설명할 수 없는 말의 길이 끊어졌다는 것입니다.

옛 우화에 장님과 코끼리의 이야기가 있습니다. 앞이 잘 보이지 않는 사람들이 코끼리를 손으로 만져보고 코끼리의 생김새를 말하는데, 코끼리의 코를 만진 사람은 "코끼리는 길쭉하게 생겼다."

라고 말하고, 코끼리의 등을 만진 사람은 "코끼리는 펀펀하고 아주 크게 생겼다."고 말하고, 또 코끼리의 꼬리를 만진 사람은 "코끼리는 아주 작고 가늘게 생겼다."고 했습니다.

　분명히 그들이 묘사한 것이 틀리지는 않습니다. 그러나 코끼리의 전체를 알고 제대로 표현한 것은 아닙니다. 진리의 모습도 이와 같다는 것입니다.

　진리의 본래 모습을 '둥글다', '길다' 또한 '이렇다, 저런 것이다.' 라고 표현한다면 마치 코끼리의 일부를 표현하는 것처럼 제대로 진리를 표현할 수 없기 때문에 언어도단이라는 것입니다.

　종교가에서 쓰는 언어는 일반적인 언어와 사뭇 다른 점이 많습니다. 아마도 종교가에서는 그 언어의 좀더 깊은 의미를 살려 쓰기 때문일 것입니다. 보통 언어도단이란 말은 '말도 안된다' 라는 부정적인 의미로 많이 사용하지만, 원불교에서는 '말로써 제대로 표현하지 못하는' 이라는 깊은 뜻을 지니고 있습니다.

　원불교의 언어도단이란 한 용어의 예를 통해서 종교가에서 사용되는 용어의 의미를 좀더 새롭게 접근해야 할 것입니다.

Q 040 은생어해(恩生於害) 해생어은(害生於恩)

일원상 서원문 가운데 '은생어해(恩生於害)와 해생어은(害生於恩)'이란 구절이 나옵니다. 은생어해란 해로움 가운데에서 은혜로움이 나온다는 것이며, 해생어은이란 은혜로움 가운데 해로움이 나올 수 있다는 것입니다.

해로움이란 누구에게나 있을 수 있는 좋지 않은 상황이나 어려움, 또는 몸으로 마음으로 견디기 힘든 경우를 말합니다. 은생어해란 이러한 어려운 상황속에서도 오히려 선한 행위를 하며, 복을 짓는 등 좋은 인연관계를 가지는 것입니다. 곧 어려움 속에서도 스스로의 행복을 재창조하는 것입니다.

이와 반대로 해생어은이란 편안하고 만족한 처지와 입장에서 스스로 악한 행위를 하며 좋지 않은 인연관계를 맺는 등 자신에게 해로운 미래를 만드는 것입니다.

하루에도 기분 좋은 일과 기분 나쁜 일이 수시로 교차하듯이, 사람이 살아가는 인생길에는 평탄한 길만 있는 것은 아닙니다. 자갈길이 있기도 하고 비바람이 몰아치는 험난한 길도 있게 됩니다. 힘들다고 느끼는 상황은 예정되지 않은 채 오기 마련입니다. 그런데 '힘들다' 라는 생각에 묶이게 되면 더욱 더 힘든 상황을 만들게 됩니다.

인과보응의 진리를 믿고 오히려 새로운 기쁨과 행복을 만들어 갈 수 있는 기회를 삼는다면 그것이 바로 은혜로움입니다. 곧 해로움으로부터 은혜를 발견하고 은혜로움을 확장시켜 가는 것입니다.

아무런 고통이 없이 만족스러운 상황이 되면 보통 사람들은 흔히 자만하거나 자기가 누리는 풍요로움의 고마움을 망각하게 되는 경우가 많습니다. 오히려 알게 모르게 스스로의 복됨을 감한다거나 심지어 죄업을 짓게 됩니다. 곧 은혜로운 상황을 해로움으로 이끌어가게 되는 것입니다.

은생어해와 해생어은의 의미를 마음에 잘 새기면서 해로운 일이 있을 때 은혜를 발견하고, 은혜로움을 만들어 가는 노력을 계속해야 하고, 은혜로움은 영원한 은혜가 될 수 있도록 잘 간직해 가는 노력을 해야 할 것입니다.

Q 041 소태산 대종사님 게송(偈頌)

게송은 부처님의 공덕을 찬미한 노래 또는 교리를 요약해서 기록한 것을 가리키기도 하고, 조사나 고승대덕들이 평생 수행 정진한 결과로서 크게 깨우친 바를 요약·표현하여 후학들에게 전해주는 것을 가리키기도 합니다.

게송에는 스승이 제자에게 법을 전해주는 전법게송, 열반할 때에 생사에 관한 법문을 설하는 열반송(涅槃頌), 도를 깨친 경지를 표현한 오도송(悟道頌) 등 많은 종류의 게송이 전해집니다.

원불교 교조이신 소태산 대종사님의 대표적인 게송은 『정전』 일원상장에 밝혀져 있는 일원상 게송입니다.

'유(有)는 무(無)로 무(無)는 유(有)로

돌고 돌아 지극하면

유와 무가 구공(俱空)이나

구공 역시 구족(具足)이라.'

이 게송은 1941년(원기 26년) 1월 28일에 소태산 대종사님께서 제자들에게 발표하신 것으로, 소태산 대종사님의 전법게송이라고 할 수 있습니다. 이는 8자 4구의 한글게송으로 되어 있습니다. 과거의 여러 불조들의 전법게송과는 그 형식이 약간 다른 것이라고 할 수 있습니다. 과거칠불의 경우 7자 4구게이고, 서가모니불부터 33조사의 경우에는 5자 4구게였습니다. 그런데 소태산 대종사님의 게송은 한글과 쉬운 한자가 조합된 8자 4구게입니다.

과거의 전법게송이 대부분 한 사람의 제자에게 비밀리에 전해진 단전밀부(單傳密附)였다면, 소태산 대종사님의 게송은 법회석상에서 많은 제자들 앞에서 공전(公傳)으로 발표하신 것이었습니다. 이 게송은 열반을 약 2년 반 정도 앞두고 미리 부촉하신 것입니다.

이처럼 소태산 대종사님께서 미리 그리고 쉬운 말로 대중에게 전법게송을 설하신 많은 제자들을 깨침의 길로 인도하시려는 대자대비심의 발로라고 할 수 있습니다. 또한 원불교 교도는 물론 이 게송을 인연하여 많은 사람들이 진리에 대한 바른 깨달음을 얻을 수 있기를 간절히 염원하셨기 때문이라고 할 수 있습니다.

'유(有)는 무(無)로 무(無)는 유(有)로
돌고 돌아 지극하면
유와 무가 구공(俱空)이나
구공 역시 구족(具足)이라.'

소태산 대종사님의 게송을 입으로 외우고, 마음에 대조하며 궁글리어 참다운 진리를 깨닫고 실천해야 할 것입니다.

Q 042 은혜(恩惠)

세상에서 가장 아름다운 낱말을 꼽는다면 어떤 것일까요? 사랑, 자비, 은혜 이런 낱말이 모두 아름다운 낱말입니다.

은혜라는 낱말은 원불교에서 많이 들을 수 있고, 익숙한 낱말이기도 합니다. 예를 들어 기도를 올릴 때에도, '은혜로운 법신불 사은이시여' 라든가, 은혜심기운동, 은혜마트 등 다양한 의미에서 은혜라는 낱말을 접할 수 있습니다.

일반적으로 은혜라는 말은 베풂을 받는 곧 혜택을 뜻합니다. 그래서 누군가 어떤 사람에게 무언가를 베풀게 되면 그 혜택을 입은 사람은 은혜를 입었다라고 합니다.

원불교에서는 은혜가 다만 한 사람과 한 사람의 일대일의 관계에서만이 아니라 나와 너, 나를 둘러싼 모두의 관계가 은혜의 관계로 이루어졌다고 보고 있습니다.

가장 가까운 부모님은 나를 낳아 주시고 길러 주시는 은혜의 관계를 가지고 있습니다. 농부는 나에게 먹거리를 제공해 주고, 상인은 그 먹거리가 나에게 올 수 있도록 하는 은혜를 주고 있습니다.

공장에서 일하시는 분은 내가 살아가며 사용할 수 있는 여러 가지 물품을 제공해 주고 있습니다. 경찰관은 내가 안심하고 생활할 수 있도록 도움을 주는 은혜로운 분입니다. 그 밖의 나를 둘러싸고 있는 모든 분들이 사실은 나에게 많은 것을 베풀어 주고 있는 은혜로운 분들입니다. 그것만 있는 것은 아닙니다. 바람과 물과 흙, 공기 모두가 우리에게 없어서는 안 될 귀중한 것들입니다.

이렇게 보면 우주는 온통 은혜의 덩어리이며, 우리가 사는 세계 또한 은혜로 가득 찬 세계라고 할 수 있습니다.

정산종사께 한 제자가 "독사도 은혜가 됩니까?" 라는 질문을 합니다.

"미물 곤충이 있어야 하겠느냐, 없어야 하겠느냐?"

과연 맹독을 품은 독사와 같은 미물 곤충이 이 세상에 있어야 할까요?

제자는 말합니다. "있어야 하겠습니다."

정산종사께서는 "그러면 은혜가 아니겠느냐"라시며 미물 곤충도 우리에게 없어서는 안 될 은혜를 주고 있다고 말씀해 주십니다.

은혜라고 하는 것은 누가 나에게 무엇을 베풀어 주었다는 개인적인 것뿐만 아니라 내가 숨쉬고 말하고 생활할 수 있도록 도움을 주는 이 세상에 존재하는 모든 존재들이 바로 은혜라는 것입니다.

Q 043 사은(四恩)

A

　많은 비가 내렸다가 다시 언제 그랬냐는 듯 태양이 뜨겁게 타오르기도 하고, 흰 눈이 내렸는가 싶었는데 여린 새싹이 돋아나는 신기한 모습을 볼 때가 있습니다.

　자연의 조화는 참으로 오묘하기만 합니다. 바람, 비, 눈, 태양, 달빛….

　곰곰이 생각해보면 신비한 자연의 조화로움 속에서 우리는 큰 은혜를 받으며 사는 것입니다.

　우리가 사는 것은 이 밖에도 수없는 은혜가 아니면 살아갈 수 없습니다. 숨쉬는 것, 마시는 것, 걷는 것, 보는 것 등 이 모든 것은 하늘과 땅과 공기와 물과 금수초목, 그리고 사람들에 의해 가능하기 때문입니다.

　원불교에서는 기도를 할 때, '천지하감지위, 부모하감지위, 동포응감지위, 법률응감지위 피은자 누구누구는 법신불 사은전에 고백하옵나이다!'로 시작합니다. 또한 간략하게 '법신불 사은이시여!'라고 진리를 향해 간절하게 기도를 올리기도 합니다.

일원상 진리가 우리에게 주신 무한한 위력은 사은 곧 네 가지 은혜로 표현됩니다. 이 네 가지 은혜란 천지은, 부모은, 동포은, 법률은을 가리킵니다.

　하늘의 공기, 땅의 바탕, 해와 달의 밝음 등 천지를 통해 우리가 끊임없이 받고 있는 은혜는 천지은입니다.

　위대한 성인들은 한결같이 부모님의 은혜를 강조합니다. 부모님이 계시므로 이 몸이 있게 되었고, 모든 괴로움을 다 잊으시고 길러 주시어 보살펴 주셨기에 우리가 있게 되었는데, 이 모두가 다 부모은입니다.

　이 세상은 사·농·공·상의 네 가지 생활강령과 직업으로 활동하여 유지됩니다. 이러한 활동이 없다면 우리는 먹고 입는 것 등의 일상적인 생활을 할 수가 없습니다. 그러한 큰 은혜가 바로 동포은입니다. 풀 한 포기나 눈에 보이지 않는 미생물의 조화조차도 결국 우리 삶을 지켜 주는 동포은이라고 할 것입니다.

　또한 옳고 그름을 구분하고, 종교와 도덕의 가르침으로 바른 삶의 길을 갈 수 있도록 하며, 우리 생활에 질서가 유지되어 평안히 살 수 있도록 하는 은혜는 법률은입니다.

　천지은, 부모은, 동포은, 법률은, 이 네 가지 은혜가 없다면 우리가 과연 살아갈 수 있을까 생각해 보면 절대 그럴 수 없음을 알 수 있습니다. 너무도 당연해서, 아니 너무 크고 넓어서 은혜임을 모르고 살 뿐입니다. 한 없이 큰 사은의 은혜를 입고 살아가는 우리는 그 은혜에 보답하는 삶을 살아가는 자세가 중요한 것입니다.
　사은을 알아 보은하는 삶을 살아가는 것, 그것이 바로 원불교 신앙입니다.

Q 044 응용무념(應用無念)의 도

누군가에게 무언가를 주게 되면 그에 대한 대가(代價)를 바라게 되는 마음이 보통 사람의 마음입니다. 그런데 대가나 보상을 바라지 않는 마음을 표현한 것이 바로 응용무념이라고 할 수 있습니다.

응할 응(應), 쓸 용(用), 없을 무(無), 생각할 염(念).

응용무념은 아무런 생각이나 관념 또는 상(相)이 없이 응용하는 것입니다. 해와 달이 뜨고 질 때 무심으로 하듯이 사람도 했다는 마음 없이, 머무는 마음 없이 무심으로 천만사물이나 천만경계에 대응하고 활용하는 것입니다. 설사 은혜를 베풀었다 하여도 은혜를 베풀었다는 관념이나 상이 남아있지 않는 마음입니다.

가까운 사람들의 생일에 기쁜 마음으로 선물을 하는 경우가 있습니다. 그런데 혹시 내 생일을 맞이했을 때 선물을 주었던 친구가 아무런 표현도 선물도 하지 않는다면 어떤 마음일까요? '내가 큰 맘 먹고 비싼 선물을 사주었는데, 어쩜 그럴 수가 있지?' 하며 화나는 마음이 일어날 수 있습니다. 섭섭한 마음이 일어날 수 있습니다.

그런 내 마음을 자세히 살펴보면 선물을 주었다는 생각이 내 마음을 오히려 요란하게 한다는 것을 알 수 있습니다.

심한 경우에는 전에 내가 은혜를 베풀었던 사람이 배은망덕하거나 해를 입히는 행위를 해오면 전에 은혜 베풀었는데 하는 마음까지 작용하여 더 미워하고 원망까지 할 수 있습니다.

사은 가운데 천지은에는 여덟 가지 도가 있는데, 그 도 가운데 대표적인 도를 응용무념의 도라고 합니다. 곧 천지는 우주 만물이 그 생명력을 유지하고 살 수 있도록 끊임없이 많은 은혜를 바람으로 비로, 공기로 제공하여 만물을 살게 하면서도 아무런 대가를 바라지 않고 오직 무심으로 운행한다는 것입니다. 그래서 우리도 천지의 응용무념의 도를 본받아서 은혜를 베풀되 베풀었다는 상이 없이 하는 것이 곧 천지은을 갚아가는 신앙의 자세가 되기 때문에 그리하도록 하는 것입니다.

천지가 응용무념의 도를 운행하듯이 우리도 많은 사람, 많은 일을 할 때 응용무념의 도로서 생활해 간다면 늘 담담하고 여유 있는 자세를 가지게 되어 인생이 한가롭고 행복하기만 할 것입니다.

Q 045 자력양성(自力養成)

원불교 중요 교리 가운데 하나인 사요의 한 조목이 바로 자력양성입니다.

사요는 진정한 평등세계를 건설하기 위해 우리 모두가 함께 실천해 가야 할 덕목을 네 가지로 밝혀놓은 것입니다.

자력양성은 사요 가운데 첫 번째 항목입니다. 스스로의 힘을 기르자, 좀더 구체적으로는 모든 사람이 정신의 자주력, 육신의 자활력, 경제의 자립력을 기르자라는 것입니다.

이 세상에 존재하는 모든 것은 그 나름대로의 의미가 있습니다. 산은 산대로, 돌은 돌대로, 나무는 나무대로…. 사람의 경우도 예외는 아닙니다. 잘난 사람, 못난 사람, 능력이 뛰어난 사람, 재주가 없는 사람 등….

수많은 사람들이 저마다 제 모습을 갖고 살아가고 있지만, 그 모든 사람과 삶의 모습은 다 의미가 있는 것입니다. 그것은 진리 속에서 태어나 진리적 삶을 살아가는 존재들이기 때문입니다. 누구나 이 우주에 홀로 태어나 홀로 서서 주체적이며 창조적인 삶을 살다가 홀로 마지막 길을 갑니다. 그러나 그 홀로의 삶이 곧 진리로부터 부여받은 최대의 권리이자 의무요, 책임이 아닐까 생각해 봅니다.

누구든 모두 정신·육신·물질적으로 살아갈 수 있는 능력을 갖춤은 곧 홀로의 삶의 가치를 높이는 것이고, 평등사회를 건설하는 데 초석이 된다고 할 수 있습니다.

지난 날 한국사회의 예를 보면, 외세의 빈번한 침입이나 폐쇄적인 사회 구조로 인해 개개인의 인권이 중시되지 못하여 '혼자' 라는 두려움을 갖게 하여 의뢰생활을 당연하게 받아들이게 했고, 균등한 배움의 권리가 주어지지 않는 등의 불합리한 차별제도에 묶이기도 했습니다.

때문에 정신적으로 바른 신념과 주체성을 확립하는 자주력을 기르며, 남자 여자를 차별하지 않고 인류사회에 활동할 만한 교육을 받게 함으로써 직업과 부업으로 경제적 자립력을 갖추어 가며, 타고난 장애에 관계없이 스스로의 육신건강을 지켜 가고 활동하는 자활력을 길러 간다면 이 사회는 훨씬 건강한 사회로 발전해 갈 수 있을 것입니다.

홀로서기! 진정한 홀로서기를 위해 누구나 활기차게 살아가는 모습!

홀로서기! 진정한 홀로서기가 누구나 가능해질 때, 우리 모두가 원하는 평등세계가 이루어질 것입니다.

Q 046 지자본위(智者本位)

A 지자본위는 사요 가운데 한 가지 조목입니다. 지자는 곧 앎이 있는 사람, 지혜가 있는 사람을 말하므로 지자본위는 지자에게 늘 배워 가자는 기본정신을 가지고 있습니다.

보통 사람들이 기준하는 빈부 · 나이 · 남녀 · 민족 · 학력 등으로 하여 불합리하게 차별하지 말고, 오직 나보다 더 나은 부분이 있으면 이를 본위로 하여 배워 가자는 것입니다.

원불교 정전에서는 지자본위의 구체적인 실천방법으로 다섯 가지가 제시되어 있습니다. 첫째 솔성의 도와 인사의 덕행이 자기 이상이 되고 보면 스승으로 알 것, 둘째 모든 정사(政事)를 하는 것이 자기 이상이 되고 보면 스승으로 알 것, 셋째 생활에 대한 지식이 자기 이상이 되고 보면 스승으로 알 것, 넷째 학문과 기술이 자기 이상이 되고 보면 스승으로 알 것, 다섯째 기타 모든 상식이 자기 이상이 되고 보면 스승으로 알 것.

이처럼 어느 방면이든 그 부분에 지자를 스승으로 삼아 배우기에 힘쓰며, 그를 위해 그 어떤 차별심에도 묶이지 않아야 되는 것입니다. 예를 들어 선생님도 때로는 제자에게서 배우고, 남자도 여자에게서 배우며, 높은 지위에 있는 사람도 낮은 지위에 있는 사람에게 배울 것은 배워야 한다는 것입니다.

한 나라의 대통령도 청소부에게 배울 수 있고, 대학교수도 물건을 사고 파는 방법에 대해 상인에게 배울 수 있는 것입니다.

또한 배울 때에는 하찮게 여겨지는 미물이나 곤충에게도 배울 수도 있을 것입니다. 하루살이를 보고 삶을 알차게 살아가는 법을 배우고, 열심히 줄을 치는 거미를 보고 그 불굴의 의지를 배울 수 있습니다. 또한 메마른 곳에서 잘 자라는 선인장을 보고 강인하고 꿋꿋한 생명력을 배우고, 맑은 호수와 하늘을 보며 지나친 욕심을 내지 않고 맑고 깨끗한 마음가짐을 배울 수 있습니다.

언제나 어디서나 누구에게나 배울 수 있을 때, 모든 사람과 모든 존재는 곧 나의 스승이 될 수 있습니다. 그리고 이처럼 모든 사람, 모든 존재를 대할 때 지자로서 대하며 배워 간다면 사회 구성원 모두가 좀더 지혜로운 사람으로 서로를 존중하며 살아갈 수 있게 될 것입니다.

무엇보다 단지 앎을 넓히는 것에 그치지 않고 마음의 차별심을 없애고 참된 지혜를 밝혀 가는 것이 지자본위의 참된 뜻이라고 할 것입니다.

Q 047 타자녀 교육(他子女敎育)

A

타자녀 교육은 사요 가운데 한 가지 조목입니다. 다른 사람의 자녀도 내 자녀와 같이 아끼고 사랑하는 마음으로 교육받도록 하자는 것이 타자녀 교육의 기본정신입니다.

아마 우리나라처럼 자녀에 대한 교육열이 높은 곳도 드물 것입니다. 자녀들로 하여금 학교에 들어가기 전부터 각종 학원이나 특기수업을 받게 하고, 학교에 다닐 때에도 학교수업 외에도 많은 과외수업을 받게 하는 등 여러 가지 면에서 자녀교육에 대한 열기는 타의 추종을 불허하는 것 같습니다.

요즈음에는 '기러기 아빠' 등의 신조어가 생길 만큼 어린 자녀를 외국에 유학을 보낼 정도로 가정이 온통 교육에 온통 집중되어 있기도 합니다.

문제는 이러한 높은 교육열이 내 자녀에게만 한정되어 있다는 것입니다. 다른 자녀에게 뒤지지 않게 하기 위해 안간힘을 쓰느라 교육의 기회를 제대로 갖지 못하는 다른 자녀에게 관심을 기울일

여유가 없게 된 것입니다.

또 다른 문제는 지식 위주·기능 위주의 교육이 강조되다 보니, 오히려 인성교육이 제대로 이루어지지 않고 있다는 것입니다. 즉 많은 것을 배워 사회에서 능력 있는 사람으로 인정받는 것도 중요하지만 진정한 교육은 사람이 사람의 본성을 잃지 않고 바른 가치관을 확립하도록 하는 것이 기본이 되어야 한다는 것입니다.

원불교 사요 가운데 한 가지로 강조되고 있는 타자녀 교육은 내 자녀와 남의 자녀의 국한을 벗어나서 누구나 바른 교육을 받을 수 있는 기회를 제공하고 누구나 폭 넓은 교육혜택을 받아 성장하는 교육 평등세계를 건설하자는 것입니다.

경제적으로 많이 가졌다고 해서 장학사업을 하는 것은 아닙니다. 조기유학을 하고 많은 배움을 이루었다고 해서 반드시 훌륭한 사람으로 성장하는 것도 아닙니다. 비록 작은 관심이지만, 교육 혜택을 받지 못하는 사람을 향해 따뜻한 시선을 가지는 것이 모두가 함께 잘사는 세계를 위한 첫걸음이 될 것입니다. 내 자녀에 대한 관심의 일부를 교육의 혜택을 받지 못하는 사람을 향해 준다면 우리의 자녀들이 앞으로 살아갈 좋은 세상의 밑거름이 될 것입니다.

더불어 함께 사는 세상, 사람다움을 함께 배워 가는 세상이 우리가 꿈꾸는 평등세계이기 때문입니다.

Q 048 공도자 숭배(公道者 崇拜)

A 공도자 숭배는 사요 가운데 하나이며 사요의 네 번째 항목으로 공도자를 숭배하자는 것입니다.

공도자란 공중을 위해 헌신하는 사람을 가리킵니다. 대부분의 사람들은 자신의 행복을 가장 우선으로 합니다. 그리고 좀더 범위를 넓힌다면 우리 가족의 행복을 가장 중요하게 생각합니다. 그런데 공도자는 자기 개인의 이익보다 사회와 인류를 위해 자신을 헌신하고 힘써 봉사합니다. 그러므로 이처럼 공중을 위하여, 인류를 위하여, 타인을 위하여 사는 사람을 존중하고 그 정신을 기리자는 것이 바로 공도자 숭배의 기본의미입니다.

지금의 우리 사회는 경제적 풍요와 물질과 돈을 중시하는 사회 풍조가 만연되어 있다고 볼 수 있습니다. 사회가 이렇기 때문에 대부분의 사람들은 가장 돈 많은 사람이 힘 있는 사람이며, 가장 높은 자리에 있는 사람이 가장 많은 것을 누릴 수 있다고 생각하기 쉽습니다. 그래서 돈을 많이 가지는 것을 생의 목적으로 하는 사람들이 많습니다. 이와는 달리 자기 개인의 이익을 생각하기에 앞서 많은 대중을 생각하고 공중을 위하여 헌신하며 봉사하는 삶을 사는 사람들이 있습니다. 대단히 의미 있는 삶을 사는 사람들입니다.

작은 씨앗이 변화하여 꽃을 피우고 열매를 맺어 많은 사람들이 그 달콤한 열매의 혜택을 누리듯, 한 사람의 공도자가 있다면 많은 사람들이 함께 기뻐하고 함께 행복한 삶을 꿈꿀 수 있는 것입니다.

공도자가 많은 세상,

공도자를 사랑하고 닮아가고자 노력하는 세상,

공도자를 지극히 위하고 받드는 세상,

이런 세상이 바로 진정한 평등세계의 모습일 것입니다.

Q 049 조물주(造物主)

A 지을 조(造), 만물 물(物), 주인 주(主)를 쓰는 조물주라는 말은 만물을 만든 주인공을 말합니다. 바로 세상의 만물을 창조한 주인을 말하는 것입니다. 우주만물의 창조주라고 하여 조화신 또는 조물자라 부르기도 합니다.

사람들이 궁금해 하는 것 가운데 하나는 바로 '이 세상을 과연 누가 만들었을까?' 하는 것이라 생각됩니다.

'하늘과 땅, 끝없이 펼쳐진 저 산과 바다, 그리고 갖가지 동물과 물건들, 사람들…. 이 모든 것은 누구의 조화에 의한 것일까?'

'언제 생겨나서 언제 없어지는 것일까?'

'내 모습은 왜 이렇게 생긴 것일까?'

이런 질문들로 꼬리에 꼬리를 물던 때가 있었을 것입니다. 결국 이 모든 궁금증은 '세상의 조물주는 누구일까' 라는 한 가지 질문으로 요약된다고 할 수 있습니다.

원불교에서는 이 세상의 조물주는 높은 곳에 따로 계시거나, 이 우주를 초월하여 계신 것이 아니라, 각자의 조물주는 각자의 마음이라고 합니다. 소태산 대종사님께서는 대종경 변의품 9장에서 조물주에 대해 묻는 사람을 향해 "조물주가 다른 데 있는 것이 아니라 귀하의 조물주는 곧 귀요, 나의 조물주는 곧 나며, 일체 생령이 다 각각 자기가 자기의 조물주인 것" 이라 밝혀 주셨습니다.

우리를 초월하고 관장하는 신과 같은 분이 어딘가에 있어서 오늘 우리의 삶을 만들어 주는 것이 아닙니다. 지금 내가 살고 있는 오늘의 삶은 내가 만든 것입니다. 누구에 의해 인위적으로 조작되거나 억지로 구성된 것이 아니라 과거에 내가 마음 먹은 대로 행동하고 말하여 오늘 내가 바라보는 세계가 있고, 나의 모습이 있는 것입니다.

'일체유심조(一切唯心造)' 라는 말이 있습니다. 세상의 모든 일은 다 사람의 마음이 들어서 그렇게 만든다는 뜻입니다. 다시 생각해 보면 내 마음 먹기에 따라 내가 사는 세상을 바꿀 수 있다는 것입니다.

'나의 조물주는 나!', '모두가 내 마음 먹기 나름!', '나의 우주는 내가 만들어 가는 것!'

Q 050 육도사생(六道四生) 1

원불교 중요 경문인 「일원상서원문」의 구절 가운데 '사생의 심신작용을 따라 육도로 변화를 시켜' 라는 부분이 있습니다.

여기에 나와 있는 사생은 무엇이며, 육도는 무엇일까요?

일반적으로 육도와 사생이란 단어는 육도사생이라 하여 함께 사용하는 경우가 많습니다.

먼저 사생에 대해 살펴보겠습니다.

넉 사(四), 날 생(生), 사생은 모든 생명체를 그 출생방식에 따라 네 가지로 나누어 놓은 것입니다. 모든 생명체는 이 세상에 나와 그 시간의 길고 짧음의 차이가 있을 뿐 살다가 죽음을 맞이합니다. 그런데 생각해 보면 이 모든 생명체가 세상에 나오는 방식은 모두 다릅니다.

만물의 영장인 사람, 사람과 가까운 강아지를 비롯한 많은 동물들, 하늘을 나는 새, 물속에 사는 물고기, 눈에 잘 보이지 않는 작은 벌레들까지….

이처럼 출생방식은 참으로 다양하지만 석가모니 부처님은 크게 네 가지로 나눴는데 태생(胎生), 난생(卵生), 습생(濕生), 화생(化生)이 바로 그것입니다.

태생은 사람이나 축생과 같이 모태에서 태어나는 것입니다.

사람은 보통 어머니의 태중으로부터 이 세상에 나옵니다. 사람과 가까이 어울려 사는 대부분의 동물들도 사람과 같이 어미의 태중에서 태어납니다. 이러한 출생방식을 일러 태생이라 합니다.

난생은 새나 물고기와 같이 알에서 태어나는 것입니다.

닭이나 오리를 비롯한 모든 조류나 물속에서 사는 물고기 등은 대부분 알에서 부화됩니다. 이와 같은 출생방식은 난생으로 구분합니다.

습생은 지렁이, 벌레나 곤충과 같이 습한 곳에서 태어나는 것을 가리킵니다.

화생은 벌레가 변하여 나비가 되는 것같이 형태를 변화하여 태어나는 것이며, 이러한 변화의 형태는 무엇에도 의지하지 않고 과거의 자신의 업력에 따라 나타나는 것이라고 할 수 있습니다.

사생 곧 태생, 난생, 습생, 화생은 모두 깨닫지 못한 미혹의 세계에 존재하는 것이라고 할 수 있습니다. 그러므로 사생은 육도를 윤회하는 것입니다. 이러한 미혹의 상태를 사람의 마음상태에 비유하여 태생은 오랜 습성, 난생은 어리석은 마음, 습생은 나쁜 생각에 끌려가는 마음, 화생은 육도를 윤회하는 마음으로 나타내기도 합니다.

Q 051 육도사생(六道四生) 2

「일원상 서원문」 가운데 '육도로 변화를 시켜'라는 구절의 육도를 살펴보겠습니다.

여섯 육(六), 길 도(途), 육도는 말 그대로 여섯 가지 길을 말합니다. 좀더 자세히 설명하면 일체중생이 선악의 업인에 따라 윤회하는 길을 천도·인도·수라·축생·아귀·지옥 등 여섯 가지로 구분한 것입니다.

육도로 전개되는 세계는 지금 현재 생에서 지은 업에 따라 다음에 태어나게 되는 육도세계, 인류의 역사적 시간 속의 육도세계, 인간의 현실 생활 속의 육도세계, 그리고 인간의 마음 상태의 육도세계 등 네 가지 형태의 육도세계를 말할 수 있습니다.

오랜 세월 동안 보편적인 육도세계로 이해되어온 관점은 현세의 업에 따라 다음 생에 전개되는 육도라고 할 수 있습니다. 이는 과거·현재·미래의 삼세관(三世觀)을 인정하는 것으로, 천도는 수양과 선행을 많이 쌓아 복을 짓고 죄고가 적은 사람은 다음 생에 태어나는 세계, 인도는 고락과 죄복이 반반인 사람이 다음 생에 태어나는 세계로서 보통 인간세계를 말합니다. 수라는 금생에 시기, 질투, 고민이 가득 찬 사람이 다음 생에 태어나는 잡귀의 세계이며, 축생은 살생, 도둑질, 간음과 같은 중죄를 지은 사람이 태어나는 동물의 세계, 아귀는 탐욕심이 많은 사람이 태어나는 귀신의 세계, 지옥은 무거운 죄업을 많이 지은 사람이 태어나는 암흑과 고통의 세계입니다.

가장 가까운 우리 마음의 차별상태로부터 건설되는 육도를 보겠습니다. 정산종사께서는 법어를 통해 천도는 모든 경계와 고락을 초월하여 고락에 끌리지 않고 고 가운데에서도 낙을 발견하고 수용하는 세계이며, 인도는 능히 선도할 만하고 악도할 만하여 고도 있고 낙도 있어서, 향상과 타락의 기로에 있어 잘하면 얼마든지 좋게 되는 세계라 하셨으며, 축생계란 예의염치를 잃어 버린 세계이며, 수라란 일생 살다 죽어버리면 그만이라고 하여 아무것도 하지 않고 허망하게 살기 때문에 무기공(無記空)에 떨어진 세계를 가리키며, 아귀란 복은 짓지 않고 복을 바라며 명예나 재물이든 자기만 소유하려고 허덕이는 세계이며, 지옥은 항상 화를 내며 불평불만이 많고 그 마음이 어두워 자신의 주견만 고집하여 의논상태가 없는 답답한 세계라고 하셨습니다.

우리 모두 먼저 마음으로부터 건설되는 육도세계를 알아 현실적인 육도는 물론 다음 생에 전개될 육도를 믿고 이해하여 보다 복되고 지혜로운 삶을 가꾸어 가도록 노력해야 할 것입니다.

Q 052 진급 강급(進級 降級)

A

직장이나 일반적으로 사회생활을 할 때 사회적 지위가 올라가게 되면 진급을 했다고 하고, 지위가 내려가게 되면 강급을 했다고 합니다.

원불교에서도 진급과 강급이란 말이 있습니다. 차이가 있다면 일반적으로 사용되는 진급과 강급의 뜻이 사회적 지위나 명예의 진·강급을 가리킨다면, 원불교에서의 진·강급은 무엇보다 마음의 진급과 강급을 강조합니다.

원불교 주요경문인 「일원상 서원문」의 마지막 부분에는 '진급이 되고 은혜는 입을지언정 강급이 되고 해독은 입지 아니하기로써 일원의 위력을 얻도록까지 서원하고 일원의 체성에 합하도록까지 서원함' 이라는 말씀이 있습니다. 법신불 일원의 진리를 열심히 공부하여 진급이 될지언정 강급이 되지 말자는 것입니다.

진급과 강급은 크게 두 가지 면으로 분류됩니다. 하나는 천지자연의 진·강급이고 다른 하나는 인과에 의한 진·강급입니다.

천지자연의 진·강급은 천지가 무위이화 자동적으로 움직이며 순환하는 것을 말합니다. 예를 들면 봄, 여름, 가을, 겨울과 같이 사계절을 들 수 있습니다.

봄과 여름은 만물이 생명을 얻고 성장하는 때인 만큼 모든 만물이 진급하는 때라면 가을과 겨울은 만물이 움추러드는 시기이기 때문에 강급기에 비유할 수 있는 것과 같은 것입니다.

인과에 의한 진·강급은 사람의 마음씀씀이에 따라 전개되는 것입니다. 착한 인을 심으면 좋은 과보를 받고, 나쁜 인을 지으면 좋지 않은 과보를 받 되는 진·강급을 말합니다. 참된 길을 알아 몸과 마음을 닦고 진실된 행을 하는 사람은 진급하는 것이고 반대의 길을 가는 사람은 강급이 되는 것입니다. 육도로 변화를 해가는 데에도 지옥, 축생, 아귀와 같은 악도에서 진급을 하여 인도, 천도와 같은 선도의 길로 갈 수 있으며, 잘못된 삶을 살아감으로써 선도에서 악도로 강급이 될 수도 있을 것입니다.

우주자연의 진·강급은 필연적이지만, 인간의 진급과 강급은 인과보응의 이치에 조금도 틀림이 없습니다. 그러므로 사람은 누구나 주체적으로 진급의 길을 갈 수 있는 것입니다.

우주의 진급기에 사람이 열심히 수행하면 마치 순풍에 돛을 단 듯 쉽게 진급의 길로 갈 수 있다는 말이 있습니다. 오늘 우리가 사는 세상이 또한 진급기라는 말을 많이 듣게 됩니다. 우리 모두가 진급이 되고 은혜는 입을 지언정 강급이 되어 해독은 입지 않는 노력으로 살아야 할 것입니다.

Q 053 진급하는 사람, 강급하는 사람

A

우주의 진강급이 있고, 인과의 이치가 있는 한 우리는 진급과 강급을 떠나 존재할 수 없습니다. 진급과 강급의 길이 있음을 안다면 누구나 진급의 길로 가고 싶어 하고 강급의 길에 들려 하지는 않을 것입니다.

어떠한 사람이 진급하는 사람이고, 어떤 사람이 강급하는 사람일까요?

소태산 대종사님은 진급하고 강급하는 사람의 모습을 다음과 같이 밝혀 주셨습니다.

"진급기에 있는 사람은 그 심성이 온유 선량하여 여러 사람에게 해를 끼치지 아니하고 대하는 사람마다 잘 화하며, 늘 하심을 주장하여 남을 높이고 배우기를 좋아하며, 특히 진리를 믿고 수행에 노력하며, 남 잘되는 것을 좋아하며, 무슨 방면으로든지 악한 이를 북돋아 주는 것이요,

강급기에 있는 사람은 그 심성이 사나워 여러 사람에게 이를 주지 못하고 대하는 사람마다 잘 충돌하며, 자만심이 강하여 남 멸시

하기를 좋아하고 배우기를 싫어하며, 특히 인과의 진리를 믿지 아니하고 수행이 없으며, 남 잘 되는 것을 못 보아서 무슨 방면으로든지 자기보다 나은 이를 깎아 내리려 한다."

정산종사님께서도 진급하는 사람과 강급하는 사람에 대해 아래와 같이 밝혀 주셨습니다.

"진급하는 사람은 인자하고 겸손하고 근실하며 공한 마음으로 굴기하심하고 경외지심으로 남을 공경하며 덕화로써 상하를 두루 포용하고 공부와 사업을 쉬지 않는 사람이며, 강급하는 사람은 성질이 거칠고 공경심이 없으며 시기하고 질투하며 자기의 욕심만 채우려 하고 학식 재산 권세 기술 등 한 가지 능함이라도 있으면 상을 내고 자만 자족하는 사람이다."

소태산 대종사님과 정산종사님은 마음을 올바르게 사용하며, 인과를 믿고 열심히 노력하며 스스로를 가꾸어가는 사람은 진급하는 사람이며, 반대의 삶을 살면 강급하는 사람이라 가르쳐주신 것입니다.

그리고 강급하지 않고 진급하는 삶을 사는 구체적인 길을 여섯 가지로 밝혀 주셨습니다.

"하나는 스스로 타락심을 내지 아니하고 꾸준히 향상함이요, 둘은 견실한 신성을 가져 천만경계에 부동한 신근을 확립함이요, 셋은 나 이상의 도덕 가진 이를 친근 공경하고 숭배 신봉하며 정진함이요, 넷은 나만 못한 근기를 항상 포용 보호하여 나 이상이 되도록 인도함이요, 다섯은 공부와 사업에 대하여는 스스로 만족하지 않고 항상 부족한 생각으로 계속 적공함이요, 여섯은 모든 수용에 대하여는 언제나 스스로 만족하며 부족한 이웃에게 보시하기를 좋아함이다." 우리 모두 오늘도 진급, 내일도 진급, 쉬임없이 진급하는 사람이 되도록 스스로 노력해야 할 것입니다.

Q 054 대소유무(大小有無)

우주의 본체와 현상과 변화를 설명하는 말입니다.

대소유무를 구분하면 대와 소, 유무로 나누어 볼 수 있습니다.

대(大)란, 우주 만유의 근본적인 본체를 말합니다. 우주의 근본적인 진리, 또는 우주의 본체, 우주 전체의 진리적인 모습을 큰 덩치로 표현한 것이라고 할 수 있습니다.

소(小)란, 우주 만물이 갖가지 모습과 색으로 구별되어 있는 현상의 차별세계를 말합니다. 남자와 여자, 빈부와 귀천, 동물과 식물, 건물, 바다, 산 등 다양한 모습으로 전개되는 우주 만물의 차별상을 가리킵니다.

유무란 있다가도 없어지고, 없는 가운데 다시 있게 되는 우주의 조화 또는 변화를 말합니다.

대소유무를 사람에 비유하면, 사람의 몸 전체는 곧 대라 할 수 있고, 얼굴·팔·다리 등으로 구분된 것은 곧 소라 할 수 있으며, 갖가지 움직임인 뛰고 달리는 것 등의 변화는 곧 유무로 비유될 수 있는 것입니다.

대소유무를 사람의 마음에 비유하면, 진리와 같이 본래의 순수하고 깨끗한 본래마음은 대라고 할 수 있으며, 좋다·싫다·슬프다·기쁘다 라고 분별하는 마음은 소이며, 잠시도 쉬지 않고 일어났다 없어졌다 하는 마음의 변화는 유무라고 할 수 있습니다.
　대소유무는 가까이는 우리가 살고 있는 세상을 표현한 것이자, 진리를 분석한 모습이라 할 수 있습니다. 이러한 대소유무라는 말을 이해할 수 있다면 진리를 조금은 알았다고 할 수 있을 것입니다.

Q 055 상생상극(相生相克)

A

상생상극이란 말은 상생과 상극이란 낱말이 합쳐진 것입니다.

상생이란 서로 상(相), 날 생(生)으로 서로가 살린다는 것입니다. 사람과 사람이 만날 때의 관계는 좋은 관계와 나쁜 관계가 있습니다.

상생이란 사람의 만남과 이어지는 인연이 아주 좋아 서로가 협력하며 잘 살게 되는 관계를 말합니다. 보통 서로가 화합한다는 상화(相和)라는 낱말과 함께 사용합니다. 그래서 상생상화란 말은 '만나면 좋은 친구', '하는 일마다 화합하는 친구'처럼 아주 좋은 사이, 서로가 살리는 사이를 가리킵니다.

이와 반대되는 말이 바로 상극입니다. 상극은 서로 상(相), 이길 극(克)으로 서로가 이기려고만 하는 것입니다. 그러므로 서로가 관계가 좋지 않고 나쁜 사이가 되어 가는 것입니다. 보통 서로가 싸운다는 상쟁(相爭)이란 말과 비슷하게 사용되는 낱말입니다.

서로가 원망하고 미워하는 사이를 가리키는 것이므로, 이런 사이에서 하는 일은 잘될 수 없을 것입니다. 그래서 서로 일을 해도 부딪치게 되고 안 좋은 일들을 만들어 가는 사이가 됩니다.

일반적으로는 금, 수, 목, 화, 토의 오행의 운행이 상생 또는 상극으로 순환한다고 합니다. 금에서 수를 낳고, 수에서 목을 낳고, 목에서 화를 낳고, 화에서 토를 낳고, 토에서 금이 나는 것을 상생이라 합니다. 이와 반대로 금은 목을, 목은 토를, 토는 수를, 수는 화를, 화는 금을 이기는 것을 상극이라 합니다.
이러한 상생 상극의 관계는 사람과 사람사이의 관계뿐만이 아니라 만물과 만물사이에도 성립하는 인과의 법칙인 것입니다.

그러므로 사람, 물건, 일에 있어서 서로가 살려 주는 상생의 관계로 만나게 되면 이 세상이 모든 사람들이 평화롭고 은혜롭게 살아갈 수 있지만 반대로 서로 이기려고 하는 상극의 관계로 만나게 되면 이 세상의 모든 사람들은 불화하고 해독 속에 살아가게 될 것입니다. 우리의 삶은 상극이 아닌 상생으로 만나는 사람, 상극이 아닌 상생으로 만나는 날들이 되어야 하는 것입니다.

Q 056 경계 (境界)

'아! 경계다….'
'경계를 만났을 때 어떻게 마음공부를 해야 하나?'
때때로 원불교 교도들이 모이는 곳에서 이런 말들이 오고가곤 합니다. 날마다 때때로 대조하는 일상수행의 요법의 1조, 2조, 3조의 내용 가운데, '경계를 따라 있어지나니….' 라는 구절을 기억하는 원불교 교도라면 참 많이 사용하는 용어가 바로 '경계'라는 말일 것입니다.

보통 사람들이 사용할 때 경계는 사물이 어떠한 기준에 의하여 분간되는 한계나 구분하는 한계를 가리킵니다. 또한 불교에서는 수행으로 도달한 결과를 나타내기도 합니다.
원불교에서의 경계라는 낱말은 훨씬 넓은 뜻으로 사용됩니다. 인과의 이치에 따라서 일상생활 속에서 늘 부딪치게 되는 모든 일들을 바로 경계라고 하기 때문입니다. 생로병사·희로애락·빈부귀천·시비이해 등 사람이 살아가는 것의 모든 일이 다 경계라고 할 수 있습니다.

그런데 우리의 마음에 대조하여 공부할 때는 나의 주관적인 상태와 관계되는 일체의 대상을 가리킵니다. 바로 내 마음에 부딪쳐 오는 일체의 객관적인 상황이 모두 경계가 될 수 있다는 것입니다. 그 경계는 대부분 옳고 그름, 또는 선과 악으로 오기 때문에 경계를 시비선악이 분간되는 한계라고 볼 수도 있습니다.

경계는 자기 안으로부터 나오는 내경(內境), 마음을 빼앗아 가는 바깥의 외경(外境)으로 구분하기도 하고, 순경과 역경, 또는 순경(順境)·역경(逆境)·공경(空境) 세 가지로 구분하기도 합니다.

순경이란 모든 것이 자기에게 맞는 좋은 경계, 너무도 순조롭게 모든 것이 잘 풀리는 경계를 말합니다. 그렇지만 자칫 순경은 나태와 교만을 낳는 것으로 더 조심해야 할 경계입니다. 역경이란 힘들고 어려운 경계, 자기의 뜻대로 안되는 어려운 경계를 말합니다. 공경은 수행 정진하고자 하는 마음이 게을러진 경계로서 순경처럼 편안한 듯 보이지만 오히려 마음이 메마른 땅과 같이 공허한 상태가 되어 더욱 더 조심해야 할 경계라고 할 수 있습니다.

우리는 늘 경계 속에서 살아가며 늘 경계를 만나 힘들어 하곤 합니다. 그렇지만 경계를 알아차리고 경계 속에서도 경계에 끌리거나 물들지 않고 본래마음을 잘 살피는 공부를 계속한다면 누구나 마음의 자유를 얻을 수 있을 것입니다.

Q 057 삼학(三學)

사람이 좀더 사람답기 위하여 언제나 스스로를 가꾸고 닦아가는 것을 수행이라고 합니다. 원불교에서는 인간답기 위한 수행의 방법을 제시하는 대표적인 용어가 있는데 이를 삼학이라고 합니다.

삼학은 원불교의 중요한 기본교리의 하나입니다. 삼학은 말 그대로 세 가지 배움, 또는 세 가지 닦음을 말합니다. 일원상의 진리를 깨쳐서 일원의 위력을 얻고 일원의 체성에 합하는 수행방법으로 제시된 것이 바로 삼학입니다. 삼학은 정신수양·사리연구·작업취사입니다.

정신수양은 우리의 정신은 원래 좋다, 나쁘다라는 분별성이나 좋아하고 싫어하는 것에 집착하지 않는 두렷하고 고요한 것이므로 이를 잘 닦아 기르는 공부입니다. 염불, 좌선, 기도, 심고, 주문 등을 잘 훈련하는 것이 정신수양을 효과적으로 하는 방법이 됩니다.

우주는 대소유무의 이치로 건설되고, 인생은 시비이해의 일 속에서 살아간다고 할 때, 시비이해의 일은 사(事)라고 하고 대소유무의 이치는 이(理)라 고 합니다. 이러한 대소유무의 이치와 시비이해의 일을 연구하여 진리를 알아가고 큰 지혜를 찾는 공부가 바로 사리연구입니다.

사리연구를 잘하기 위한 방법으로는 성인의 말씀을 밝힌 '경전연마', 어떤 주제를 의지적으로 해석하는 '강연', 느낀 바를 자유로이 말함으로써 지혜를 단련하는 '회화', 의심거리를 연마하는 '의두', 우주만유의 본래이치와 우리의 자성원리를 해결하여 알고자 하는 '성리연마', 심신작용처리건과 감각 감상 등 그날 그날의 일과를 기록하는 '정기일기기재' 등이 있습니다.

작업취사는 정신수양과 사리연구의 바탕위에서 모든 행을 정의롭게 하는 것을 말합니다. 우리는 늘 선택을 하며 살아갑니다. 그런데 모든 행을 할 때 정의를 선택하는 것이 바로 작업취사입니다. 작업취사는 악업을 짓지 않고 선업을 짓는 실천수행입니다. 또한 계율을 잘 지키고 모든 일을 정의롭게 행동하고 잘못된 것과 타협하거나 비굴하거나 하지 않는 것입니다.

삼학은 정신수양·사리연구·작업취사 세 가지 공부로 분류하지만, 이 세 가지는 결코 분리하여 생각할 수 없는 것입니다. 예를 들면 길을 걸을 때에 정신을 똑바로 하고, 바른 생각을 가지고, 바른 몸가짐으로 걸어야 제대로 걷습니다. 바로 정신수양과 사리연구와 작업취사가 모두 함께해야 하는 것입니다.

삼학 중 어느 한편에 치우치게 되면 정신은 평화롭지만 사물에 어두울 수 있고, 사리분별은 잘하지만 실천력이 부족할 수 있습니다. 삼학은 마치 쇠스랑의 세 발과 같아서 늘 함께해 가는 공부인 것입니다.

Q 058 팔조(八條)

수행을 하는 데에도 늘 마음속에 신조로써 간직해야 할 부분이 있다면, 반드시 경계해야 할 부분도 있습니다. 이러한 부분을 밝힌 것이 바로 팔조입니다. 그리고 원불교 주요 교리를 말할 때 결코 빠질 수 없는 것이 바로 팔조입니다. 팔조는 삼학 수행의 원동력이 되는 진행사조(進行四條)와 삼학수행을 방해하는 사연사조(捨捐四條)를 합한 여덟 가지 조목을 가리킵니다.

진행 사조는 단어 그대로 삼학 수행을 잘 진행해 갈 수 있는 네 가지 조목, 신(信)·분(忿)·의(疑)·성(誠)을 말합니다. '신' 은 믿음입니다. 진리에 대한 믿음, 또는 수행의 결과에 대한 믿음이라고 할 수 있습니다. '분' 은 삼학수행을 통하여 반드시 삼대력(三大力)을 얻겠다는 분발심입니다. 반드시 수행정진하리라는 신념과 용기를 가리킵니다. '의' 는 바른 의심, 또는 동기나 까닭을 갖는 것입니다. 왜 삼학수행을 해야 하는 지에 대한 바른 의문과 진리와 교법에 대한 의문을 갖는 것을 말합니다. '성' 은 삼학수행을 쉬지 않고 계속할 수 있는 지극한 정성입니다.

사연 사조는 삼학수행에 방해가 되기 때문에 버려야 하는 네 가지 조목, 불신(不信)·탐욕(貪慾)·나(懶)·우(愚)를 말합니다. '불신'은 믿지 않는 마음입니다. 진리나 법과 스승을 믿지 않고 저울질하거나, 수행의 결과에 대해 의심을 하는 것입니다. '탐욕'은 지나친 욕심입니다. 아무리 좋은 것이라고 하여도 너무 지나치게 집착하거나 과도하게 행동하면 오히려 좋지 못한 결과가 나오듯 지나친 욕심은 결코 수행에 도움이 되지 못합니다. '나'는 하기 싫어하는 마음 곧 게으름입니다. 어떤 좋은 것도 게으름을 내서는 결코 좋은 것으로 누릴 수가 없습니다. 수행도 마찬가지입니다. '우'는 어리석음입니다. 어리석음에도 여러 가지 경우가 있지만 삼학수행의 원리를 잘 모르고 자행자지하거나 설사 안다 할지라도 실천하지 않는 자세를 가리킵니다.

풍성한 농사를 지으려면 잡초는 부지런히 제거해 주고, 곡식은 정성껏 돌보는 것이 당연합니다. 삼학수행을 잘하는 것도 이러한 이치와 같은 것이라고 할 수 있습니다. 사연사조인 불신과 탐욕과 나와 우는 부지런히 없애 가면서, 진행사조인 신과 분과 의와 성은 늘 일깨워 가야 하는 것입니다. 신분의성을 잘 추진하면 반대로 불신, 탐욕, 나, 우는 어느새 머무를 자리가 없어질 것입니다. 믿음, 분발심, 의문, 정성을 키워 가는 자세로 인생을 가꾸어야 할 것입니다.

Q 059 일상수행의 요법(日常修行-要法)

A 어린아이부터 나이드신 분에 이르기까지 원불교 교도라면 누구나 외우는 것이 바로 일상수행의 요법입니다. 일상수행의 요법은 말 그대로 일상생활 속에서 수행해 가는 중요한 방법을 말합니다.

누구나 부처님과 같은 인격을 가꾸고자 하지만 그 마음은 삼일 또는 세 시간이 채 지나기도 전에 생활 속에 묻혀지기 쉽습니다. 그런데 마치 졸리운 사람의 졸음을 쫓듯 마음이 느슨해질 때 그 마음을 챙길 수 있도록 하는 것이 바로 일상수행의 요법이라고 할 수 있습니다.

일상수행의 요법은 원불교 주요교리인 사은사요 삼학팔조를 요약하여 표현된 것입니다. 또한 원불교 신앙의 대상인 일원상을 수행의 표본으로 하여 닦아 나가는 것이라고 할 수 있습니다.

때문에 하루하루 또는 순간순간 이 일상수행의 요법을 암송하고 원불교 교리를 생활 속에 대조해 가며 몸과 마음을 닦아 가야 하는 것입니다.

이 일상수행의 요법은 아홉 조목으로 이루어져 있습니다.

1. 심지는 원래 요란함이 없건마는 경계를 따라 있어지나니 그 요란함을 없게 하는 것으로써 자성의 정을 세우자.
2. 심지는 원래 어리석음이 없건마는 경계를 따라 있어지나니 그 어리석음을 없게 하는 것으로써 자성의 혜를 세우자.
3. 심지는 원래 그름이 없건마는 경계를 따라 있어지나니 그 그름을 없게 하는 것으로써 자성의 계를 세우자.
4. 신과 분과 의와 성으로써 불신과 탐욕과 나와 우를 제거하자.
5. 원망생활을 감사생활로 돌리자.
6. 타력생활을 자력생활로 돌리자.
7. 배울줄 모르는 사람을 잘 배우는 사람으로 돌리자.
8. 가르칠줄 모르는 사람을 잘 가르치는 사람으로 돌리자.
9. 공익심 없는 사람을 공익심 있는 사람으로 돌리자.

순간순간, 때때로 그리고 무엇보다 날마다 말로써 되새기고, 마음으로 되돌아보며 스스로의 실천을 이 아홉 조목으로 대조해 가면 누구나 부처의 길을 자신 있게 걸어갈 수 있고 결국 부처가 되는 것입니다.

Q 060 계문(戒文)

A

사람들 가운데는 종교를 가지고 싶지 않다고 하는 사람이 있습니다. 이런 사람에게 "왜 그런가요?"라고 그 까닭을 물은 적이 있습니다. 그 사람은 대뜸 "하지 말라는 게 많아서 구속스러워서요."라고 대답했습니다.

주변에는 종교에서 하지 말라는 금지조항 때문에 어떤 종교에도 소속되고 싶지 않다는 사람들이 의외로 많습니다.

종교에서 규정하고 있는 금지조항이란 주로 죄를 짓지 못하게 하는 계문을 가리킵니다. 대부분의 종교는 계 또는 계율이 있습니다. 불교의 경우 오계·십계·이백오십계·오백계 등 많은 수의 계율이 있고, 기독교의 경우 십계명·산상수훈 등이 있으며 그 밖의 여러 가지 형태의 계율이 있습니다.

원불교의 대표적인 계율은 원불교 정전에 명시되어 있는 계문으로 삼십 계문을 들 수 있습니다. 삼십 계문은 원불교 교도가 마땅히 지켜야 할 서른 가지 항목의 계문으로 보통급 십계문·특신급 십계문·법마상전급 십계문으로 구성되어 있습니다.

종교의 계율이 신앙생활을 원하는 사람에게 때로 제약조건이 될 수도 있습니다. 그러나 계율이 사람으로서 마땅히 지켜야 할 사람살이의 조건이며, 또한 죄를 범하지 않도록 장려하는 역할을 하므로 없앨 수는 없을 것입니다. 원불교에서도 원불교 교도라면 누구나 삼십 계문을 지키도록 합니다. 다만 계율을 주는 방법에 있어서는 사람의 정도에 따라 단계적으로 주어 신앙생활을 하면 자연스럽게 지킬 수 있도록 한다는 특징이 있습니다.

 신앙생활을 처음 시작하는 사람에게 지키기 쉬운 계문을 제공하면 점점 죄와 복, 인간의 행복과 불행의 갈림길에 대한 자각을 하게 됩니다. 그리고 공부가 깊어지면서 다음 십계문을 더 지킬 수 있게 되고, 또 다음 십계문을 지킬 수 있게 됩니다. 이렇게 하여 삼십 계문을 거의 다 지켜 가게 되면 더 이상 계문을 주지 않아도 됩니다. 왜냐하면 그런 사람은 스스로 부당한 일과 당연한 일을 미리 알아서 행동하기 때문입니다.

 무슨 일이든지 억지로 한다거나 무언가에 묶여 있는 느낌으로 한다면 기쁨을 찾을 수 없듯이 신앙생활도 마찬가지인 것입니다.

 원불교의 계문은 일상생활 속에서 죄를 범할 수 있는 요소들을 자연스럽게 제거해 가면서 신앙생활의 기쁨을 느낄 수 있도록 합니다. 그리고 조금씩 중생에서 불보살의 길을 걸을 수 있도록 도움을 주는 것입니다.

Q 061 삼십계문 1

원불교에 입교하여 처음 받게 되는 계문은 보통급 10계문입니다. 보통급 십계문은 사회적으로 어떤 신분에 있든지, 어떠한 학식을 가졌든지, 남자와 여자, 어리든지 연로하든지 관계없이 처음으로 교도가 된 사람이면 지켜야 하고 지킬 수 있는 계문입니다.

보통급 십계문은 아래와 같습니다.

1. 연고없이 살생을 말며
2. 도둑질을 말며
3. 간음(姦淫)을 말며
4. 연고 없이 술을 마시지 말며
5. 잡기(雜技)를 말며
6. 악한 말을 말며
7. 연고 없이 쟁투(爭鬪)를 말며,
8. 공금(公金)을 범하여 쓰지 말며,
9. 연고 없이 심교간(心交間) 금전을 여수(與受)하지 말며,
10. 연고 없이 담배를 피우지 말라.

이 가운데 다섯 조항인 '연고 없이 살생을 말며', '연고 없이 술을 마시지 말며', '연고 없이 쟁투를 말며', '연고 없이 심교간 금전을 여수하지 말며', '연고 없이 담배를 피우지 말라' 라고 하여 연고라는 단어가 있습니다.

연고는 이유, 까닭, 사유라 할 수 있습니다. 곧 그럴 수도 있다고 객관적으로 인정되는 이유를 가리킵니다. 그래서 계문에 '연고 없이' 라는 것은 반드시 그래야만 하지만 어쩔 수 없는 필연적인 이유가 있을 때에는 그 해당 계문에 약간의 이해와 여유를 주는 것입니다. 예를 들면 병으로 인한 치료나 또는 사람의 생명에 관련되는 등의 아주 불가피한 경우를 연고라는 단어로 표현한 것입니다.

보통급 십계문 가운데 다섯 번째 조항인 '잡기를 말며' 라는 말의 잡기란 말은 사람의 정신을 타락하게 하거나 죄를 짓게 하는 놀이를 가리킵니다. 그리고 아홉 번째 조항인 '연고 없이 심교간 금전을 여수하지 말며' 라는 조항은 마음을 나누는 친구사이에는 가능한 금전거래를 하지 말라는 것입니다. 아무리 다정한 관계라 할지라도 금전거래에서는 자칫 인하여 우정을 잃고 마음의 상처를 입는 경우가 발생할 수 있기 때문입니다. 그러므로 친구 사이에 금전거래는 하지 않도록 계문으로 정하고 있는 것입니다. 보통급 십계문은 누구나 약간의 결심만 서면 지켜갈 수 있습니다.

Q 062 삼십계문2

처음 원불교에 입교한 교도는 보통급 십계문이 주어집니다. 그리고 보통급 십계문을 소중히 지켜 가면서 조금씩 진리를 신앙하는 마음, 원불교 교법을 믿는 마음이 깊어지면 특신급 십계문이 주어집니다. 특신급은 말 그대로 특별한 신심이 있는 사람이 지키게 되는 십계문이라고 할 수 있습니다.

특신급 십계문은 아래와 같습니다.
1. 공중사(公衆事)를 단독히 처리하지 말며,
2. 다른 사람의 과실(過失)을 말하지 말며,
3. 금은 보배 구하는 데 정신을 뺏기지 말며,
4. 의복을 빛나게 꾸미지 말며,
5. 정당하지 못한 벗을 좇아 놀지 말며,
6. 두 사람이 아울러 말하지 말며,
7. 신용 없지 말며,
8. 비단 같이 꾸미는 말을 하지 말며,

9. 연고 없이 때 아닌 때 잠자지 말며,

10. 예 아닌 노래 부르고 춤추는 자리에 좇아 놀지 말라.

　보통급 십계문이 살생, 도둑질, 간음과 같이 몸으로 지을 수 있는 무거운 죄를 금하는 조항이 기본이라면 특신급 십계문은 주로 입으로 짓는 죄, 또는 사회생활을 해가면서 쉽게 지을 수 있는 죄업을 금하는 조항이라 할 수 있습니다.
　이러한 특신급 십계문을 잘 지킬 수 있게 되면, 법마상전급 십계문이 주어지는데, 법마상전급은 주로 스스로의 마음에 비추어 대조하는 계문이라고 할 수 있습니다.

　법마상전급 십계문은 아래와 같습니다.

1. 아만심(我慢心)을 내지 말며,

2. 두 아내를 거느리지 말며,

3. 연고 없이 사육(四肉)을 먹지 말며,

4. 나태(懶怠) 하지 말며,

5. 한 입으로 두 말 하지 말며,

6. 망녕된 말을 하지 말며,

7. 시기심(猜忌心)을 내지 말며,

8. 탐심(貪心)을 내지 말며,

9. 진심(瞋心)을 내지 말며,

10. 치심(痴心)을 내지 말라.

두 번째 조항인 '두 아내를 거느리지 말며' 라는 조목에서 알 수 있듯이 법마상전급 십계문은 주로 마음으로 짓는 죄업을 금하는 조항이라 할 수 있습니다.

원불교의 보통급·특신급·법마상전급 십계문은 죄를 범하지 않도록 하는 경계와 금기의 뜻도 있지만, 긍정적인 의미로 보면 선행을 쌓아 바람직한 삶을 살아가도록 하는 권장의 뜻이 강하다고 할 수 있습니다.

계문은 지키기에 부담스러울 수 있습니다. 보통급 십계문부터 차근차근 지켜가다 보면 자신의 인격은 물론 삶의 변화와 보람을 느낄 수 있을 것입니다.

Q 063 솔성요론(率性要論)

솔성이란 말은 일반적으로 사람의 본성을 잘 거느리는 것을 말합니다. 우리의 본래 마음 곧 성품을 일상생활 속에서 잘 활용하는 것이라고 할 수 있습니다. 경전의 솔성요론은 총 16조항으로 밝혀져 있습니다.

계문이 죄를 짓지 말라는 금지조항을 중심으로 되어 있다면, 솔성요론은 적극적으로 마음을 잘 다스려 실천할 수 있는 권장조항이 중심이 되고 있습니다. 솔성요론의 내용은 다음과 같습니다.

1. 사람만 믿지 말고 그 법을 믿을 것이요,
2. 열 사람의 법을 응하여 제일 좋은 법으로 믿을 것이요,
3. 사생(四生)중 사람이 된 이상에는 배우기를 좋아할 것이요,
4. 지식 있는 사람이 지식이 있다 함으로써 그 배움을 놓지 말 것이요,
5. 주색 낭유(酒色浪遊)하지 말고 그 시간에 진리를 연구할 것이요,
6. 한 편에 착(着)하지 아니할 것이요,
7. 모든 사물을 접응할 때에 공경심을 놓지 말고, 탐한 욕심이 나거든

사자와 같이 무서워할 것이요,

8. 일일 시시(日日時時)로 자기가 자기를 가르칠 것이요,

9. 무슨 일이든지 잘못된 일이 있고 보면 남을 원망하지 말고 자기를 살필 것이요,

10. 다른 사람의 그릇된 일을 견문하여 자기의 그름을 깨칠지언정 그 그름을 드러내지 말 것이요,

11. 다른 사람의 잘된 일을 견문하여 세상에도 포양하며 그 잘된 일을 잊어버리지 말 것이요,

12. 정당한 일이거든 내 일을 생각하여 남의 세정을 알아줄 것이요,

13. 정당한 일이거든 아무리 하기 싫어도 죽기로써 할 것이요,

14. 부당한 일이거든 아무리 하고 싶어도 죽기로써 아니할 것이요,

15. 다른 사람의 원 없는 데에는 무슨 일이든지 권하지 말고 자기 할 일만 할 것이요,

16. 어떠한 원을 발하여 그 원을 이루고자 하거든 보고 듣는 대로 원하는 데에 대조하여 연마할 것이니라.

이 16가지 조항을 마음에 대조하면서 실천해 간다면 자기 마음을 잘 거느리는 사람, 곧 자기 마음을 마음대로 활용하는 사람이 될 수 있을 것입니다.

Q 064 원불교의 좌선법(坐禪法)

A 지금 세상은 선(禪)에 대한 관심이 많아지고 있습니다. 그런데 선을 신비한 것으로, 현실적인 삶과 동떨어진 특이한 생각하는 사람들의 전유물로 이해하는 분위기가 있기도 합니다. 곧 선(禪)이란 주제를 가깝고 친근하게 느끼며 많은 사람들이 한번쯤 접근해 보고 싶어하기도 하는 것 같습니다.

원불교에서도 선(禪)을 중요시 하고 있고, 특히 앉아서 하는 좌선의 경우는 정신수양을 훈련하는 과목의 하나로 되어 있으며, 좌선법에 대해서도 원불교 정전은 자세하게 밝히고 있습니다.

좌선을 하는 뜻은 두 가지입니다. 첫째는 마음에 있어 망념(妄念)을 쉬고 진성(眞性)을 나타내는 공부이며, 둘째는 몸에 있어 화기(火氣)를 내리게 하고 수기(水氣)를 오르게 하는 방법입니다.

우리는 일상생활을 하면서 수많은 생각들을 하고 살고 있습니다. 그런데 고요하게 앉아 있을 때에도 쓸데없는 생각들, 이런 저런 잡념들로 하여 번뇌와 망상의 바다에서 헤매이곤 합니다. 좌선은 이러한 잡념을 잠재우고 맑고 청정한 마음상태를 찾아가게 하는 것입니다.

 화가 날 때 우리 얼굴은 붉게 달아오르고 입속에 침이 마릅니다. 그것은 화기가 위로 오르기 때문입니다. 그러므로 마음을 평온하게 하고 수화조절을 잘하게 되면 마음뿐 아니라 몸도 좋은 상태로 만들어지게 됩니다.

 좌선을 할 때는 반가부좌 또는 결가부좌로 반듯하게 앉고, 단정하고 편안한 자세를 취합니다. 호흡은 고르게 하되 들이쉬는 숨은 조금 길고 강하고, 내쉬는 숨은 조금 짧고 약하게 합니다. 이렇듯 몸을 조절하고, 호흡을 조절하고, 마음을 잘 조절해야 좌선을 잘 할 수 있게 됩니다.

 특히 원불교에서는 좌선을 할 때 단전주선을 하게 합니다. 마음을 단전에 주하는 것을 강조하는 것입니다. 일반적으로 단전은 보통 얼굴의 두 눈썹 사이를 상단전, 가슴의 중앙부분을 중단전, 배꼽 아래 부분을 하단전으로 구분합니다. 원불교는 좌선법을 통해 하단전에 마음을 주하도록 합니다. 하단전이 사람 몸의 중심 부분이기 때문입니다. 이 단전에 마음을 주하면 잡념도 치성하지 않고 기운도 잘 내리게 되어 효과적으로 좌선을 할 수 있게 됩니다.

 간혹 화두를 들거나 그저 묵묵한 자세로 좌선을 하는 태도를 주장하는 분도 있습니다. 그러나 원불교에서는 단전주로 좌선을 하고 의두연마 시간을 통하여 화두는 잠깐 동안 연마하도록 합니다.

 단전주선은 마음은 물론 몸의 건강도 책임질 수 있습니다.

Q 065 주문(呪文)

A

종교에는 주술적인 효과를 불러일으키기 위한 주문이 있습니다. 원불교도 주로 염송하는 주문이 있습니다. 원불교의 주문은 주술적인 의미보다 마음을 청정하게 하고 진리에 귀의하는 의미가 더 강하다고 할 수 있습니다.

원불교의 대표적인 주문은 영주(靈呪), 청정주(淸淨呪), 성주(聖呪)를 들 수 있습니다.

영주는 말 그대로 지극히 신령스러운 힘을 가지고 있는 주문으로, '천지영기 아심정 (天地靈氣我心定) 만사여의 아심통 (萬事如意我心通) 천지여아 동일체 (天地與我同一體) 아여천지 동심정 (我與天地同心正)'이라는 문구로서 주로 기도의식 때에 많이 외우며, 이 밖에도 마음이 어지러울 때, 번뇌나 망상으로 힘들 때, 허공 같은 마음을 갖고 싶을 때 등 다양한 경우에 외우면 커다란 위력을 얻는 주문입니다.

청정주의 문구는 '법신청정 본무애(法身淸淨本無碍) 아득회광 역부여(我得廻光亦復如) 태화원기 성일단(太和元氣成一團) 사마악 취 자소멸(邪魔惡趣自消滅)' 입니다.

청정주는 모든 재액을 면하고 원한을 풀며 죄업에 물든 마음을 청정하게 하기 위한 신비한 주문입니다.

성주는 보통 열반인의 천도를 위한 의식에 주로 사용되며 '영천 영지 영보장생(永天永地永保長生) 만세멸도 상독로(萬世滅度常獨露) 거래각도 무궁화(去來覺道無窮花) 보보일체 대성경(步步一切大聖經)' 이라는 문구로서 이 생에서의 죽음이 끝이 아니라 새로운 생이 시작된다는 이치에 바탕하여 영혼을 위로하고 천도하기 위해 주로 사용되는 신비한 주문입니다.

이 세 가지 주문은 각각 외울 때에 운곡이 조금씩 다르고, 위에서 설명한 바와 같이 의식에서 사용되는 것도 경우에 따라 다릅니다. 그러나 모두 마음을 모아 한 마음으로 열심히 외우면 큰 위력과 큰 은혜가 나타납니다.

어떠한 상황에 처하더라도 이 주문을 외움으로써 슬기롭게 극복해 갈 수 있는 지혜와 힘이 생깁니다.

소원을 이루고 싶을 때, 마음이 산란할 때 주문을 외워 보시면 좋을 것입니다.

Q 066 여의보주(如意寶珠)

A 모든 사람들은 보배를 참 좋아하는 듯합니다. 어느 시대나 어떤 사람이나 보배를 구하기 위해 많은 노력을 기울이기도 하고, 때론 이로 인하여 불미스러운 일이 일어나는 것을 보면 보배가 좋은가 봅니다.

우리나라를 비롯한 동양의 국가에서 전통적으로 귀하게 여기는 보배 중의 하나가 바로 여의보주입니다. 보통 여의주라 부르기도 합니다. 마니주, 마니보주란 명칭도 있지만 대부분 여의주가 가장 많이 사용되는 듯합니다.

여의보주는 영묘하고 불가사의한 보배로운 구슬입니다. 흔히 여의보주는 전설의 신기한 동물인 용의 턱 아래에 있다고 합니다. 그래서 용이 이 구슬을 얻으면 하늘로 오를 수 있게 되고, 이 구슬을 잃으면 인간 세상에 떨어진다고 합니다. 오랫동안 우리의 옛 이야기로 전해져 내려오는 이야기입니다.

이 여의보주는 대단히 진귀하기도 하지만 신묘하고 기이한 힘을 가지고 있어서 이 구슬을 갖고 있으면 무슨 일이든지 원하는 대로 뜻을 이룰 수 있다고 전해집니다.

여기에 비유하여 원불교에서는 우리의 본래 성품, 진리를 깨친 마음을 가리켜 여의보주라고 합니다. 진리를 깨달은 마음, 이 세상의 모든 근본 이치를 안다는 의미입니다. 이와 같은 마음이 바로 여의보주라는 것입니다. 또한 참마음을 알아서 참마음을 사용할 줄 아는 것이 곧 여의보주라는 것입니다.

소태산 대종사님께서는 대종경 요훈품에서, "마음에 욕심을 떼고, 하고 싶은 것과 하기 싫은 것에 자유 자재하고 보면 그것이 곧 여의보주이다."라고 밝혀 주셨습니다.

여의보주는 누구나 가지고 있는 보배구슬입니다. 다만, 그 보배구슬을 발견했는지 못했는지, 또한 잘 사용하고 있는지 그렇지 못한지의 차이가 있을 뿐입니다.

욕심이나 어리석음, 또는 잘못된 마음으로 자신의 참된 마음을 깨닫지 못한다면 여의보주를 가지고 있어도 미쳐 그를 깨닫지 못하고 있는 것입니다. 그런데 마음속에 일어나는 그릇된 생각, 욕심, 어리석음으로부터 벗어나 참된 마음을 찾는다면 여의보주를 품고 하늘을 비상하는 것과 같을 것입니다.

지금 스스로 괴롭다는 생각이 들고 인생이 의미 없다고 느껴진다면 자신의 여의보주를 꺼내보면 어떨까요?

Q 067 대원정각(大圓正覺)

A

4월이 되면 원불교 교조이신 소태산 대종사님의 대각을 경축하는 행사가 많이 있습니다. 그런데 간혹 대각이란 표현대신 대원정각이란 표현을 쓰는 경우가 있습니다. 대원정각을 한자어로 살펴보면 큰 대(大), 둥글 원(圓), 바를 정(正), 깨달을 각(覺)입니다. 말 그대로 풀이하면 크고 둥근 진리를 바로 깨달음이란 것입니다. 대원정각은 원불교에서 말하는 가장 큰 깨달음의 경지를 가리킵니다. 그래서 대원정각이란 표현은 주로 소태산 대종사님의 대각을 가리키는 용어로 사용됩니다.

진리에 대한 깨달음의 경지도 매우 다양합니다. 클 수도 작을 수도, 넓고 좁을 수도, 깊고 옅을 수도, 영원하고 일시적인 것의 차이가 있을 수 있는 것입니다.

예를 들면 우물 안 개구리는 나름대로 우물 안에서 보이는 세상을 자신이 보는 최고의 세상이라 볼 수 있고, 또한 우물 안에서 하늘을 본다고 할 때 분명히 하늘을 본 것은 틀림없을 것입니다. 그러나 개구리가 본 세상보다 보다 넓고 큰 세상이 있고, 우물 안에서 본 하늘보다 드넓은 하늘이 있음은 또한 분명합니다.

깨달음의 세계도 이와 같은 이치라고 할 수 있습니다. 이처럼 다양한 깨달음의 경지가 있는데, 그 가운데 가장 크고 너른 진리를 깊고 바르게 깨친 것을 일러 대원정각이라 하는 것입니다.

소태산 대종사님의 언행록이라 할 수 있는 대종경 불지품에서는 공부가 최상 구경에 이르면 세 가지로 통함이 있음을 밝히고 있습니다.

첫째, 영통입니다. 보고 듣고 생각하지 않아도 천지 만물의 변태와 인간 삼세의 인과보응을 여실히 하는 것입니다.

둘째, 도통입니다. 우주의 모든 이치와 인간의 시비이해에 능통하는 것입니다.

셋째, 법통입니다. 우주의 근본이치로써 인간의 시비이해를 밝혀 모든 중생이 거울삼아 본뜰 만한 법을 제정할 능력을 가진 것을 말합니다.

수행을 많이하여 공부가 무르익어 최상의 상태에 이르면 영통과 도통과 법통을 할 수 있다고 합니다. 그런데 영통, 도통, 법통 가운데 법통은 대원정각을 하지 못하면 절대 얻을 수 없다고 했습니다.

우리는 소태산 대종사님의 대원정각을 생각하면서, 대각을 향한 공부심을 진작해 가야 할 것입니다.

Q 068 대기사(大忌事)

A 우리는 일상생활에서 '대기사'는 안해야 된다는 말을 듣곤 합니다. 원불교의 경전에는 이 대기사란 용어가 나옵니다. 대기사란 어떤 뜻일까요? 큰대(大), 꺼릴 기(忌), 일 사(事) 자를 사용하는 대기사란 글자 그대로 크게 꺼리고 피해야 할 일을 가리킵니다. 또한 사람으로서 결코 해서는 안 되는 일을 가리키기도 합니다.

사람이 살다보면 실수를 할 수 있습니다. 그리고 어떤 경우는 스스로의 의지와 관계없이 불가피한 잘못을 범하기도 합니다. 대기사란 이렇듯 불가피한 잘못을 가리키는 것이 아닙니다. 윤리적으로 도덕적으로 사회적으로 인정받을 수 없는 잘못을 가리킵니다. 곧 상식적으로 보았을 때 큰 죄악이나 부도덕한 행위, 또는 부정부패나 사회의 기본질서를 혼란하게 하는 옳지 않은 일을 가리킵니다.

또한 무자비한 살생, 탐욕적인 도둑질, 간음과 같은 악한 행위, 공을 빙자하여 개인의 사사로운 이익을 쫓는 행위, 사기, 공금횡령 등 개인적으로 잘못된 행위를 비롯하여 보통 우리가 함께 살아가는 터전에 방해가 되거나 혼란을 초래하는 행위 등을 일러 대기사라고 할 수 있습니다.

그러한 대기사의 경우 대부분은 자신의 의지에 따라, 자신의 선택에 따라 빚어진 일이라 할 수 있습니다. 보통 우리는 어떠한 일이나 상황 속에서 자신의 행위에 선택을 해야 할 경우가 많이 있습니다. 문제는 그러한 선택의 경우 옳고 그름에 따라, 정의인지 불의인지를 잘 생각하여 선택하기보다 지금 당장 나에게 이익이 되는지 해로움이 되는지를 판단하여 선택하기 쉽다는 것입니다.

우리 마음속에는 항상 옳은 것과 옳지 않은 것이 서로 싸우고 있습니다. 항상 옳은 것을 선택하여 그것이 비록 지금 당장 나에게 피해가 되는 것일지라도 과감하게 할 수 있다면 대기사는 없을 것입니다.

원불교 정전 법위등급에 법마상전급이 밝혀져 있는데, 법마상전의 공부를 하는 사람은 인생의 요도와 공부의 요도에 대기사(大忌事)는 하지 않아야 된다고 했습니다.

참다운 마음 공부를 하는 사람은 사람이 바르게 살아가는 인생의 도리를 알고, 자신의 마음을 바르게 다스려 가는 이치를 알아서 대기사가 없도록 늘 주의해야 하는 것입니다.

Q 069 방편(方便)

A 방편이란 보통 어떤 목적을 이루기 위해 이용되는 편리한 수단을 가리킬 때 사용하는 단어입니다. 곤란한 상황에 처했을 때 "무슨 다른 방편은 없을까?" 하는 말을 쓰곤 합니다. 방편은 방법이나 수단이란 단어와 같은 의미로 사용됩니다.

불가(佛家)에는 방편이란 단어가 있습니다. 불가에서 방편이란 말은 단순한 수단의 의미로서가 아니라 부처님이 중생을 교화하기 위하여 사용하는 방법을 가리킵니다.

수많은 사람들이 부처님의 말씀을 소중히 여기지만, 사람들은 제각각 자기 방식대로 그 말씀을 마음에 새기게 됩니다. 그 까닭은 모든 사람들이 마치 생긴 모습이 다르듯이 성격도 다르고 학력도 달라 이해하고 있는 세계가 다르기 때문입니다.

이처럼 각양 각색의 다른 사람들에게 부처님은 그에 맞는 다양한 방법과 수단으로 불법의 소중함을 일깨워 주셨습니다. 이와같이 다양한 방법을 일러 부처님의 방편이라고 합니다. 그런데 부처님이 방편으로 사용하시는 다양한 방법과 수단은 교화를 받는 사람들은 전연 알아차리지 못하고, 자연스럽게 부처님의 법을 알아 간다는 것입니다. 이렇듯 부처님이 방편을 사용하시는 것은 아직 지혜가 열리지 않은 중생들을 위한 자비심의 표현이라고 할 수 있는 것입니다.

 원불교에서도 방편이란 말은 앞서와 같은 의미로 사용됩니다. 지혜가 어두운 사람에게 지혜를 얻을 수 있도록, 진리의 소식을 얻지 못한 사람에게 진리의 소식을 들려 주는데 불법의 소중함을 알지 못하는 사람에게 소중함에 눈뜨도록 도움을 주는 데에 사용하는 일종의 방법을 방편이란 낱말로 나타내는 것입니다.
 직설적으로 진리를 말해 주면 알아듣지 못하는데, 비유나 눈과 귀를 현혹하게 하는 수단을 사용하여 설명하면 훨씬 효과적일 때가 있기 때문입니다. 그러나 방법과 수단을 잘못 활용하면 오히려 역효과, 또는 부작용이 생길 수도 있기 때문에 참다운 방편을 사용할 수 있는 사람은 부처님과 같은 힘과 인격을 갖춘 사람이어야 하는 것입니다. 그러므로 누구나 방편을 쓸 수 있는 것은 아닙니다.
 법을 깨우치지 못하고 쓰는 방편은 보잘것없는 술수에 지나지 않는 것입니다.

Q070 법위등급(法位等級)

A 어느 곳을 찾아갈 때 가는 길에 이정표가 없다면 어떨까요? 높은 곳을 오르려는데 사다리나 계단이 없다면 어떨까요? 원불교 교도가 되어 신앙과 수행생활을 하는 데에도 때로 이정표가 필요하고, 사다리나 계단이 필요하지 않을까요?

원불교 공부를 하는데 이정표 또는 사다리, 계단을 삼아 갈 수 있게 한 것이 바로 법위등급입니다. 법위등급은 공부인의 수행정도에 따라 여섯 단계의 법위로 구분하고 이를 단계적으로 밟아 올라가도록 보여 주는 것입니다. 아무 것도 알지 못하는 중생의 세계로부터 출발하여 부처의 인격을 이루는 세계까지 안내하는 이정표와 같은 것이라고 할 수 있습니다.

법위등급은 유무식·남녀·노소·선악·귀천을 막론하고 처음으로 원불교에 귀의한 보통급부터 출발합니다. 다음은 특신급입니다. 특신급은 특별한 신심이 있는 급으로 보통급 십계를 하나 하나 실행하고, 특신급 십계를 받아 지키며, 원불교의 교리와 법규를 대강 이해하며, 모든 사업이나 생각이나 신앙이나 정성이 다른 세상에 흐르지 않는 정도입니다.

다음은 법마상전급입니다. 법마상전급은 우리 마음속에 법과 마가 항상 다투지만 법이 반수 이상 승리를 하는 급입니다. 보통급과 특신급 십계를 하나하나 실행하고 법마상전급 십계를 받아 지키면서, 원불교 경전 해석에 과히 착오가 없으며, 사심을 없애는 데 재미를 붙이고 관련되지 않은 일에 마음이 움직이지 않으며, 생활 속에서 대기사(大忌事)는 하지 않는 정도인 것입니다.

다음은 법강항마위입니다. 우리 마음속에 법이 마에 대해 항상 승리하는 법위입니다. 원불교 경전의 뜻을 잘 해석하고 대소유무의 이치에 걸림이 없으며, 생사에 해탈을 얻는 정도의 공부인의 위입니다.

다음은 출가위입니다. 공부의 정도가 후퇴하지 않는 위입니다. 대소유무의 이치를 따라 인간의 시비이해를 건설하고, 모든 종교의 교지를 정통하며, 일체생령을 위하여 어떠한 고난에도 여한이 없는 정도의 공부가 되어 있는 사람의 위입니다.

마지막 최고의 단계는 대각여래위입니다. 대자대비로 일체생령을 제도하고, 모든 능력을 갖추었으며, 만 중생을 교화하고, 동하여도 분별에 착(着)이 없고 정하여도 분별이 절도에 맞는 정도의 단계입니다.

사람이 태어나면 누구나 걸음마를 배워 성장하듯 처음 신앙과 수행생활에 들어 법위등급 따라 계단을 밟아 오르면 우리 모두는 부처로서의 큰 걸음을 걸을 수 있습니다.

Q 071 법계(法界)

우리는 인류가 살고 있는 공간을 나타낼 때 흔히 세계라는 낱말을 씁니다. 이와 같이 진리의 공간을 가리키는 낱말이 바로 법계라는 말과 통한다고 볼 수 있습니다. 일반적으로 법계는 모든 사물의 근원을 뜻하는 '법'에, 경계라는 의미의 '계'를 붙여 진리의 세계를 상징하는 낱말입니다.

보통 사람들 대부분은 눈에 보이는 현상세계를 전부로 알고 있는 경향이 많습니다. 그러나 눈에 보이는 세계는 아주 극미한 세계이며 이를 넘어서는 엄청난 세계가 있는데, 법계라는 용어는 눈에 보이는 현상세계의 근본이 되는 세계를 나타낸다고 할 수 있습니다. 바로 형상으로 표현되지 않는 진리의 세계, 본질의 세계를 말하는 것입니다.

법계라는 용어가 단독으로 쓰이는 경우도 있지만, 대부분 허공법계(虛空法界), 또는 일진법계(一眞法界)라는 용어가 같은 의미로 많이 사용되고 있습니다.

허공은 어떤 형상도 어떤 실체도 없는 세계입니다. 모양도 빛도 없습니다. 어떤 것도 막혀 있지 않고 막지 않습니다. 그래서 모든 것을 받아들일 수 있는 공간이기도 합니다. '허공법계'는 이처럼 텅 비어 있는 듯 보이지만 이 세상 모든 것을 다 품고 있는 허공을 진리의 세계에 비유하여 표현한 것이라 할 수 있습니다.

'일진법계'는 오직 하나인 참된 세계라는 뜻으로, 수행을 잘하여 모든 번뇌 망상을 끊고 마음의 참 자유를 얻게 되면 티끌 세상에 처해 있어도 이 세상이 모두 참된 세계가 된다는 뜻을 담고 있습니다.

법계는 곧 진리의 세계를 말합니다.

법계는 우리의 참된 마음의 세계를 말합니다.

법계는 이 세상을 가득히 품고 있으면서도 그 근본이 되는 세계를 말합니다.

법계는 불생불멸과 인과보응의 이치가 조금도 틀림이 없는 세계를 말합니다.

우리가 생활하고 있는 이 곳은 때로 형상의 있고 없음이나 현실적인 이해관계에 묶여 있어 답답하게 느껴질 수 있습니다. 하지만 늘 참 마음을 잃지 않고 법계에 마음을 향하여 생활할 수 있다면 은혜 충만한 나날이 될 것입니다.

Q 072 천록(天祿)

A 천록이란 하늘이 주는 복록을 말합니다. 곧 하늘이 우리에게 주는 선물이자 축복과 같은 것입니다. 이 때의 하늘은 곧 진리를 가리키는 말이라고 할 수 있습니다.

사람들은 보통 일을 하고 그 일에 대한 보상이나 대가(代價)를 받게 됩니다. 직장에 다니게 되면 봉급이 주어집니다. 이러한 대가는 사람이 사람에게 주는 인록(人祿)이라 할 수 있습니다. 그런데 인록은 정확하거나 공정한 것이 못됩니다. 때문에 열심히 땀 흘려 일한 대가를 정확히 받지 못합니다. 또 열심히 일을 하는 사람은 적은 대가를 받는데, 별로 하는 일 없어 보이는 사람이 훨씬 많은 대가를 받게 되는 사례는 주변에서 많이 찾아볼 수 있습니다.

물론 제도나 여건 때문에 비롯된 경우도 있습니다. 그렇지만 깊이 생각해보면 사람의 마음속에 있는 이기심과 잘못된 마음 때문이라 할 수 있습니다. 그때문에 공정하고 정확하게 복록을 나누어 갖지 못하는 것입니다. 그런데 하늘은 이기심이나 치우침이 없이 선을 행하면 선한 보답을 주고, 악을 행하면 그에 상응하는 보답을 조금도 차질 없이 아주 공정하게 그 대가를 제공합니다.

이처럼 하늘이 주는 가장 공정한 복록을 표현한 것이 바로 천록인 것입니다. 천록은 곧 진리께서 주시는 복록인 것입니다.

소태산 대종사님께서는 사심 없는 어린이들은 바로 하늘사람이기 때문에 어머니를 통하여 천록이 나오는데 차츰 사심이 생기면서 그 천록이 그치게 된다는 표현을 하셨습니다.

갓 태어난 어린아이의 마음은 하얀 종이와 같이 순수하기 때문에 하늘사람의 마음이라 표현됩니다. 또한 하늘사람의 마음일 때 천록을 받을 수 있는 것입니다.

그러므로 사람이 누구나 어린아이와 같이 깨끗하고 순수한 마음을 간직한다면 하늘이 주는 복록, 곧 천록을 받으며 살 수 있습니다.

Q 073 심전계발(心田啓發)

원불교에서는 마음공부를 매우 강조합니다. 심전계발은 곧 마음공부를 가리키는 말입니다.

심전은 마음 심(心), 밭 전(田), 곧 마음 밭을 가리킵니다. 심지(心地) 곧 마음의 땅이란 말, 마음 바탕이라는 말과 같이 사용됩니다.

밭에는 온갖 채소들이 자라납니다. 그런데 채소만 자란다면 좋겠지만 잡초들도 채소 못지않게 함께 자라게 됩니다.

우리의 마음도 이와 같습니다. 심전 곧 마음밭이란 말은 우리 마음을 온갖 선과 악의 싹이 자라나는 터전에 비유한 것입니다.

우리 마음에 오직 착하고 좋은 선의 싹이 자라나 풍성하면 좋겠지만 그렇지만은 않습니다. 밭에 잡초들이 무성해지는 것처럼 비뚤어지고, 제멋대로인 악한 마음의 싹도 무성하게 자라게 됩니다. 그래서 마음밭도 부지런히 가꾸고 일구어야 한다는 말이 곧 심전계발입니다.

밭을 계발하고 가꾸는 일을 하시는 농부의 손길은 하루도 쉬지 않습니다. 잠시라도 게을리 하고 돌보지 않으면 풀은 금방 자라고, 그 자란 풀들이 채소들이 자라게 하는 양분을 대신 흡수하면서 채소가 크는 것을 방해하기 때문입니다. 그래서 부지런한 농부는 수시로 밭을 살피면서 잡초가 자라기 전에 뽑아버리고 채소들이 잘 자랄 수 있도록 손길을 멈추지 않습니다.

 우리의 마음밭을 가꾸는 것도 이러한 이치와 같아서 잠시라도 게을리 할 수 없습니다. 욕심, 화내는 마음, 어리석은 마음들이 수시로 싹을 틔우고, 시기심, 자만심, 열등감 등 다양한 형태의 잡초들이 우리들의 마음밭을 채우게 되기 때문입니다. 그래서 늘 나의 마음밭을 살펴보고, 맑은 마음, 밝은 마음, 훈훈한 마음으로 밭을 가꾸어가야 합니다.

 날마다, 수시로, 한 마음 일어날 때마다 심전계발을 한다면 부지런한 농부가 밭을 잘 가꾸어 항상 풍요로운 생활을 해가듯 마음의 풍요를 누리게 될 것입니다.

Q 074 호풍환우 이산도수

호풍환우(呼風喚雨) 이산도수(移山渡水)란 말이 있습니다. 호풍환우는 화창하고 맑게 개인 날에 갑자기 매서운 바람을 불러 오거나, 거칠고 억센 소나기가 쏟아지도록 하는 것이며 수 백리 밖에 있는 큰 산을 하룻밤 사이에 감쪽같이 옮겨 오거나, 강이나 바다 위를 자유자재로 걸어다닐 수 있다는 능력을 말합니다.

우리는 이런 것을 일러 신통묘술 또는 기행이적이라고 합니다. 신통이란 모든 일에 대해 신기하게 통달하는 것입니다. 그래서 비 오고 바람 불 것을 미리 알거나, 사람의 죽음을 정확하게 안다거나, 다른 사람의 마음 속을 환히 들여다보는 것 등을 가리킵니다. 그리고 묘술이란 보통 사람들이 하기 어려운 술법을 마음대로 하는 것을 말합니다.

원불교에서는 신통묘술을 어떻게 이해할까요?

신통 묘술을 생각할 때, 평범하지 않은 이상한 자취를 보이거나 상식을 뛰어넘은 신기한 것, 바로 호풍환우와 이산도수 같은 것이라고 이해한다면 원불교에서는 이를 크게 경계합니다.

호풍환우와 이산도수와 같은 신통을 원하는 경우 대부분은 사람으로서 마땅히 행해야 하는 것이나 참다운 도덕에 바탕하지 않고 신기한 것을 쫓아 옳지 못한 욕심을 내거나 헛된 이적으로 세상을 속이고 대중에게 해를 끼치게 되기 쉽기 때문입니다.

원불교는 바른 진리관을 가지고 바른 삶의 길을 걸어가는 것이 가장 기본적인 신통묘술이라고 말합니다. 쌀로 밥을 지었는데 그것을 모래로 변하게 하거나, 콩을 심어 팥으로 변하게 하는 것 등을 신통묘술이라고 하는 것이아니라 쌀로 밥을 지어 쌀밥이 되게 하는 것, 콩을 심어 콩이 나오게 하는 것을 진정한 기적이요, 참다운 신통묘술라고 보는 것입니다.

바른 도로써 오래 수행을 계속하다 보면 신기한 현상이 나타날 수도 있다고 합니다. 그러나 그러한 현상을 목표로 하는 수행은 사도로 흐르는 것이고, 수행이 이루고자 하는 궁극적 세계에는 도달할 수 없다고 합니다.

호풍환우 · 이산도수! 특이한 현상을 억지로 구할 것이 아니라 바람과 비라는 자연현상을 바로 이해하고, 합리적인 방법으로 산을 오르고 배를 타고 강을 건너가는 것으로 진정한 신통묘술, 호풍환우 이산도수를 삼아야 할 것입니다.

Q 075 삼동윤리(三同倫理)

A

여러분은 이 세상의 모든 사람들이 함께 행복하고 함께 잘사는 세상을 꿈꾸어 본 적이 있을 것입니다.

원불교 정산종사께서는 이 세상 모든 사람들이 더불어 잘 살아가는 이념으로 삼동윤리를 제창하셨습니다.

삼동윤리는 동원도리(同源道理), 동기연계(同氣連契), 동척사업(同拓事業)을 말합니다. 그리고 삼동이란 동원도리, 동기연계, 동척사업의 머리글자 셋이 한 가지 동(同)자로 시작하는 것으로부터 유래한 것이라 할 수 있습니다. 삼동윤리는 바로 세계 인류가 대동화합하며 살아가는 길을 세 가지로 제시한 윤리강령이라고 할 수 있습니다.

정산종사님은 삼동윤리를 제창하시면서, "장차 우리 인류가 모든 편견과 편착의 울안에서 벗어나 한 큰 집안과 한 큰 권속과 한 큰 살림을 이루고, 평화 안락한 하나의 세계에서 함께 일하고 함께 즐길 기본강령"이라고 하셨습니다.

삼동윤리 가운데 첫째, 동원도리는 모든 종교의 근본은 같으며, 한 근원임을 알아 서로 대동화합하자는 것입니다. 이 세상의 많은 종교가 서로 다른 각각의 교리를 표방하고, 각 종교의 주장과 방편에 따라 교화를 펼치고 있습니다. 때로는 종교와 종교간에 대립·투쟁·비난을 일으키기도 하고 심지어는 종교전쟁으로까지 확대되는 경우도 있습니다. 그러나 종교의 근본정신이 같고, 종교로서 궁극적으로 지향하는 바가 같음을 알아서 서로 협력하고 화합해야 한다는 것입니다.

  둘째, 동기연계는 이 세상의 많은 인류와 생령들이 근본은 다 같은 한 기운으로 연계된 동포임을 알아서 서로 대동화합하자는 것입니다. 모든 존재는 각각 다른 모양과 이름을 가지고 있지만, 원래는 하나의 기운으로 연결되어 있음을 알아 사람만이 아니라 만물에 이르기까지 서로 화합하고 사랑하자는 것입니다.

  셋째, 동척사업은 이 세상의 많은 사업이나 주의 주장이 서로 다르고 모순되는 것 같지만, 궁극적인 목적은 다 같이 살기 좋은 세상을 개척하는 데 있고, 서로 도움이 되는 이치를 알아서 서로 대동화합하자는 것입니다.

  삼동윤리정신은 정산종사님의 게송으로 전해지고 있습니다. 다음의 게송을 염송하면서 그 정신을 함께 실천하셨으면 합니다.

  '한 집안 한 이치에 한 집안 한 권속이 한 일터 한 일꾼으로 일원세계 건설하자.'

4 의례 쉽게 알기

76. 신년하례 / 77. 법 회 / 78. 대각개교절
79. 석존성탄절 / 80. 법인절 / 81. 대재 / 82. 교구
83. 봉불 / 84. 천도 / 85. 사십구재
86. 제사는 어떻게 모시나요?

Q 076 신년하례(新年賀禮)

A

새해가 되면 웃어른들께 세배를 하고, 가까운 사람들과도 새해 인사를 나눕니다. 일반 관공서나 회사 등에서는 새해를 시작하는 하례식을 하기도 합니다.

원불교에서도 새해가 되면 신정절 의식을 통해 새해 맞이를 하고 새해 인사를 나눕니다. 그리고 원불교 교단의 최고어른이신 종법사님께 출가·재가교도들이 세배를 올리기 위해 총부를 찾기도 하는데 이 행사를 신년하례라고 합니다.

이는 모든 교도의 의무사항이 아닙니다. 총부로부터 먼 곳에 사시는 분들은 신정절을 행할 때 그 의식 식순을 통해 망배(望拜)로 올려도 되지만, 종법사님을 직접 뵙고 싶은 많은 분들이 총부에 직접 오시곤 합니다.

총부를 찾아 올리는 신년하례는 종법사님께 새해인사를 올리는 것 외에 두 가지 의미를 더 가지고 있습니다.

그 하나는 종법사님의 신년법문을 직접 받들고, 한해의 마음공부의 표준을 갖는 것입니다. 귀중한 말씀을 마음에 새기고, 한 해

동안 생활 속에서 실천해보겠다는 서원을 세우는 것입니다.

또 하나의 의미는 모든 원불교인들이 마음공부로 함께 하고 있다는 생각을 공유하는 것입니다.

전국에 있는 교도가 한자리에 모이는 경우는 많지 않습니다. 그런데 서로 다른 교구에 소속되어 있는 교도들이 한자리에 모여 함께 성가를 부르며 함께 법문을 듣는 시간은 원불교인으로서의 공동체의식을 가지는 좋은 계기가 된다고 할 수 있습니다.

해마다 새해를 맞으면 많은 교도님들이 신년하례차 중앙총부를 찾습니다. 그것은 신년하례를 통해 소태산 대종사님의 성령이 어려 있는 성지를 순례함과 동시에 종법사님께 믿음을 바치고, 종법사님께서 내리신 법문을 마음에 간직하고자 함입니다. 또한, 그것은 새해 첫날 새벽에 쏟아지는 그 찬란한 햇빛의 시간처럼 교도님들의 신앙심이 빛나기 때문일 것입니다.

Q 077 법회(法會)

신앙생활을 하는 사람들은 법의 양식을 공급받아 영혼을 맑히는 일이 대단히 중요합니다. 대부분의 종교들은 일요일 또는 일주일 가운데 특정한 요일에 모여 법의 모임을 갖습니다. 불교의 법회, 기독교의 예배 또는 천주교의 미사가 이러한 법의 모임입니다.

불교에도 법회라는 말이 있지만 원불교에서 법회는 법을 강론하며 법을 훈련하며 기타 신앙을 중심으로 하여 진행하는 법의 모임을 통틀어하는 말입니다.

법회는 정례법회(定例法會)와 수시법회(隨時法會)로 구분됩니다. 수시법회는 형편에 따라 적당한 시기에 갖는 법회를 말하며, 정례법회는 월례법회(月例法會)와 연례법회(年例法會)로 구분합니다.

월례법회는 예회(例會)와 야회(夜會)가 있고, 연례법회는 교리 특별강습회 또는 동절기 하절기에 실시하는 정기훈련을 가리킵니다.

이러한 여러 법회 가운데 가장 기본이 되는 법회는 예회입니다. 예회는 대부분 일요일에 있으며 교도들의 생활여건에 따라 일요일이 아닌 적당한 날에 갖기도 합니다. 그리고 참여하는 구성원에 따라 일반, 청년, 학생, 어린이 등으로 구분하여 시행합니다.

법회는 여러 가지 뜻을 담고 있는데 교도가 함께 모여 신앙으로 충만한 마음을 나누기 때문에 원불교 교도로서의 공동체 의식이 깊어집니다. 그리고 주로 교법을 강론하고 강의하며 훈련하기 때문에 원불교 신앙과 수행이 더욱 더 깊어지는 계기가 됩니다. 또한 법신불 사은님의 은혜를 가슴 깊이 느끼며 기쁨으로 살아갈 영혼의 양식을 공급받는 시간이 되어 일상의 생활이 법(진리)으로 길들여져 행복한 생활이 계속되는 계기가 됩니다.

세상은 다양하게 우리의 몸과 마음을 유혹하는 곳이 참 많습니다. 하고 싶은 일도 많고 가고 싶은 곳도 많습니다. 그런데 교당의 법회에 참여하여 정신의 양식을 장만하는 일은 가장 시급한 일이며 행복의 지름길에 들어서는 출발이기도 한 것입니다.

Q 078 대각개교절(大覺開敎節)

해마다 4월이 되면 원불교 중앙총부와 각 교당을 중심으로 원불교 열린 날, 대각개교절을 기념하는 포스터와 현수막이 걸리게 됩니다. 그리고 각종 경축행사가 여러 방면으로 진행됩니다.

이는 4월 28일 대각개교절을 경축하기 위한 것입니다. 대각은 큰 대(大), 깨달을 각(覺), 크게 깨닫는다는 말이며, 개교는 열 개(開), 가르칠 교(敎) 곧 원불교의 문이 열린 날을 의미합니다.

대각개교절은 원불교 교조이신 소태산 대종사님께서 진리를 크게 깨달으시어 원불교가 세워지게 된 역사적인 날을 기념하기 위한 경축일입니다. 원불교는 이 땅에 종교적 사명을 가지고 세워졌으며 그것이 소태산 대종사님의 대각에 의한 것이기 때문에, 대각과 개교의 의미가 강조됩니다.

또한 이 날은 소태산 대종사님께서 탄생하신 날이 5월 5월이지만 따로이 탄생을 기념하지 않고 함께하는 날이며, 모든 원불교인들이 새로운 삶을 열어 가는 소중한 인연이 되는 날이기 때문에 새로이 태어난 날, 새로운 생명을 얻은 날로서 공동생일의 의미를 갖기도 합니다.

원불교는 대각개교절을 전후하여 모든 이웃에게 은혜를 나누는 각종 보은의 활동 및 행사, 북한동포를 위한 활동과 기쁨을 나누는 문화행사 등이 다양하게 펼쳐집니다.

또한 원불교 교법을 신앙하시는 분들은 소태산 대종사님의 깨달음을 본받고자 안으로 교리공부와 기도를 통해 내실을 기하기도 합니다.

그리고 공동생일을 기념하는 카드와 선물을 주고받으며 서로가 축하의 메시지를 전달하기도 합니다.

봄꽃이 만발할 때, 온 천지만물이 새롭게 살아나는 계절의 한가운데 자리한 대각개교절에 우리 모두는 마음을 새로이 하여 깨달음을 이루고 은혜로운 삶을 엮어 가야 할 것입니다.

Q 079 석존성탄절(釋尊聖誕節)

원불교에는 4대 경축일이 있습니다. 이 가운데 하나는 석존성탄절입니다.

석존성탄절은 석존 곧 석가모니 부처님의 탄생을 축하하고 기뻐하는 날입니다. 보통 음력 4월 8일을 부처님 오신 날로 축하하는데, 원불교에서는 이를 석존성탄절로서 기념하는 것입니다.

원불교는 무슨 이유로 석가모니 부처님의 탄생을 축하하는지 궁금해하는 사람들이 있습니다. 그 이유는 원불교 교조이신 소태산 대종사님의 다음의 말씀 때문입니다.

"석가모니불은 진실로 성인들 중 성인이라." 하시고, 또 말씀하시기를 "내가 스승의 지도 없이 도를 얻었으나 발심한 동기로부터도 얻은 경로를 돌아본다면 과거 부처님의 행적과 말씀에 부합되는 바 많으므로 나의 연원을 부처님에게 정하노라" 하시고, "장차 회상(會上)을 열 때에도 불법으로 주체를 삼아 완전 무결한 큰 회상을 이 세상에 건설하리라."

이와 같이 석가모니불이 소태산 대종사님께서 친히 연원불로 하시어 부처님 오셨음을 축하하지만 원불교의 교조는 소태산 대종사님이며, 원불교의 소의경전은 원불교 전서, 그리고 원불교의 독자적인 교단조직과 제도를 가지고 있기 때문에 불교의 종파로서 석가모니 부처님을 신앙하는 것은 아닙니다. 다만, 인류의 스승이자 소태산 대종사님의 연원불로서 석가모니 부처님의 탄생을 축하하는 것입니다.

그리고 석가모니 부처님의 크신 가르침을 함께 존숭하며 각 교당에서는 석존성탄절 기념식과 기도식을 합니다. 경우에 따라 관등행사를 하기도 하지만 지나친 허례의식이나 미신에 흐르도록 하지는 않게 합니다.

5월, 우리 모두는 석존성탄절을 맞을 때마다 가까운 교당에서 기도를 올리며 부처님께서 탄생하신 의미를 생각해 보고 큰 서원을 세우는 계기를 만들어야 할 것입니다.

Q 080 법인절(法印節)

  법인절은 8월 21일이며, 신정절·대각개교절·석존성탄절과 함께 원불교 4대 경절의 하나입니다.
  법인이라는 말은 법계인증을 줄인 말로서 법계로부터 인가되고 증명되었다는 뜻을 담고 있습니다.

  법인절은 원불교 초기교단의 중요한 역사적 사실로부터 유래한 경축일입니다.
  소태산 대종사님은 진리를 깨달으신 후 아홉 분의 제자들에게 법계로부터 인증을 받는 기도를 시작하도록 하셨습니다. 그리고 기도 시작 100일이 가까워올 무렵 '사무여한(死無餘恨)' 곧 '모든 인류의 행복을 위해서라면 죽어도 아무 여한이 없겠습니다.' 라는 마음으로 목숨을 걸고 기도에 임하게 하셨습니다.
  이러한 사무친 기도의 마음은 바로 백지혈인(白指血印)의 기적으로 나타납니다. 아홉제자들이 맨손으로 하얀 종이에 손도장을 찍었는데, 이것이 바로 붉은 혈인으로 나타난 것입니다. 이른바 백지혈인의 이적이 일어나 법계로부터 성스러운 인가가 이루어진 것입니다.

　이러한 백지혈인의 법인성사를 기념하고 경축하는 것이 바로 법인절입니다.

　법인절은 소태산 대종사께서 원불교를 여시고자 하는 간절한 염원이 바탕이 되어 이루어진 것이며, 아홉 분 선진님들이 세상을 위해 희생 봉사하겠다는 간절한 소망이 하나로 뭉친 것으로 나타난 결과입니다.

　법인절이 가까워지면 대부분의 출가·재가 교도들은 법인절을 기념하는 특별기도를 올립니다. 백지혈인의 뜻 깊은 정신을 이어받고자 하는 의미의 특별한 기도라 할 수 있을 것입니다.

　우리 모두는 법인절이 가까워지면, 기도에 함께 동참함으로써 원불교 교법정신을 몸과 마음으로 체득하고자 하는 마음을 가져야 하고, 아홉 분 선진님을 비롯한 원불교 초창기 선진들의 믿음을 내 마음에 새기는 계기로 삼아야 할 것입니다. 곧 자신의 마음공부에 힘쓰며, 많은 사람들을 위해 희생하고 봉사하는 정신을 키워가야 하는 것입니다. 이것이 바로 법인절을 뜻있게 맞이하는 우리의 자세라고 할 것입니다.

Q 081 대재(大齋)

우리나라는 다른 나라에 비해 제사 의식을 매우 중요시하였습니다. 그래서 일반 가정의 경우 제사를 모시는 일은 큰 일 가운데 하나였습니다. 원불교에서도 제사의식을 중요시하고 있으며 대재는 원불교에서 지내는 가장 큰 제사입니다.

대재란 크게 재를 올린다는 뜻입니다. 원불교 의례 가운데에는 재와 제사가 있지만, 대재는 이 가운데 가장 큰 재 또는 제사입니다.

대재는 소태산 대종사님을 중심으로 역대 선령 열위를 향해 재를 모시는 것입니다. 이는 추원보본의 예 곧 지난 업적을 사모하고, 그 근본을 찾아 보은하는 예를 실행하고자 하는 정신이 바탕되어 있습니다.

원불교에서는 일년에 두 번 대재를 모십니다. 그 하나는 육일대재이며 또 하나는 명절대재입니다. 육일대재는 6월 1일에 모시는 대재이며 명절대재는 12월 1일에 모십니다. 육일대재는 6월 1일이 원불교 교조이신 소태산 대종사께서 열반에 드신 날이기 때문에 이 날을 기념하여 대재를 모시는 것이며, 명절대재는 한 해를 마무리하는 시기이기에 한 해의 모든 결실에 대한 감사와 더불어 추모의 정성을 올리기 위한 대재입니다.

　대재를 모시는 의미는 크게 세 가지입니다.
　첫째, 대재를 모시면서 모든 교도로 하여금 마음을 이에 합하도록 하는 의미가 있습니다.
　둘째, 정성을 바친다는 뜻을 가지고 있습니다.
　셋째, 대재를 모실 때에 예법에 맞는 몸가짐과 장엄한 의식으로서 진행하여 법을 마음과 마음으로 전해 주고 이어가겠다는 다짐의 의미가 있습니다.

　조상에 대하여 추모의 정성을 다하는 것은 우리나라 고유의 정신문화입니다. 원불교의 대재도 그러한 정신을 나타내는 의식입니다. 많은 분들이 함께 참여하여 향례를 올리는 모습이야말로 아름다움과 성스러움입니다. 여러분도 대재에 참례하여 아름다움과 성스러움을 체험하는 기회를 가져 보시기 바랍니다.

Q 082 교구(敎具)

교구(敎具)란 원불교의 각종 의식이나 행사를 진행하는 데 필요한 각종 도구를 말합니다. 교구란 불단의 위의를 갖추기 위한 불전도구(佛殿道具)와 각종 의식에 사용되는 법요도구(法要道具), 장엄을 위한 장엄도구(莊嚴道具)를 들 수 있습니다.

교당에 가면 법신불 일원상이 모셔져 있는 불단을 향하게 됩니다. 교구는 주로 불단을 중심으로 진열됩니다. 먼저 불전도구는 향을 사르기 위한 향로와 초를 꽂아 불을 밝히기 위한 촉대(燭臺), 헌공을 하기 위한 헌공합(獻供盒)이 있습니다.

법요도구는 경상, 목탁, 좌종, 죽비, 청수기 등이 있습니다. 경상은 경전을 올려놓은 상이며, 목탁은 독경운곡을 이끄는 도구로 사용함과 아울러 신호용으로 사용됩니다. 좌종은 모든 의식 행사에 시작과 끝을 알릴 때 사용하며, 은은한 좌종소리는 모든 영혼을 맑고 깨끗하게 인도합니다. 죽비 또한 의식의 시작과 끝을 알릴 때 사용되고, 청수기는 맑은 물을 담는 그릇으로 기도 때에 사용됩니다.

　장엄도구는 주로 꽃을 가리키는데, 의식행사의 성격에 따라 꽃의 색이나 종류를 달리하여 장엄을 합니다. 이 밖에 요령이나 범종을 사용하는 경우가 간혹 있기는 하지만 요즈음 교당에서는 거의 사용하지 않고 있습니다.

　누구나 교당에 가게 되면 먼저 법신불 일원상 앞에 서서 촛불을 밝히고, 향을 사른 후 법신불을 향하여 4배를 올려야 합니다. 그리고 스스로 기도를 하거나, 독경을 할 때 좌종을 울리며, 목탁으로 운곡을 맞추면 됩니다.

　교구, 하나하나는 그 자체로 신앙의 의미가 되기도 하고, 우리 마음의 안식처가 되기도 합니다.

　불전도구, 법요도구, 장엄도구를 통해 법신불을 향한 우리 마음이 더욱더 맑아지고, 밝아지고, 따뜻해질 수 있도록 활용해야 할 것입니다.

Q 083 봉불(奉佛)

원불교 교단 안의 소식을 듣다보면 가끔 봉불식이 거행된다는 소식을 접하게 됩니다.

봉불식은 말 그대로 봉불의 의식이라 할 수 있습니다.

봉불의 뜻은 무엇일까요?

봉불은 받들 봉(奉), 부처 불(佛) 곧 부처님을 받든다는 뜻입니다.

어떤 부처님을 어떻게 받든다는 뜻일까요?

원불교 신앙의 대상인 법신불 일원상을 모시는 것을 말합니다. 교당이나 가정 또는 직장에 법신불 일원상을 신앙의 대상으로 받들어 모시는 것입니다.

받들 봉(奉), 편안할 안(安) 곧 봉안이란 단어와 같은 의미인데 보통 가정에 법신불 일원상을 모시는 경우에는 봉안이란 낱말을 사용하고 있습니다.

봉불은 법신불 일원상을 신앙의 대상과 수행의 표본으로 받드는 것입니다. 그러므로 일원상을 크게 모시거나 액자로 모시느냐 하는 형식이나 방법보다 중요한 것은 법신불 일원상을 어떤 마음으로 모시느냐 하는 것입니다. 앉거나, 서거나, 걷거나, 눕거나 또는 움직일 때 말할 때 언제나 어느 때나 법신불 일원상을 모시고 사는 마음 자세가 중요합니다.

어느 장소에 모시는가, 어떤 형식을 갖추어 모시는가도 중요하지만 저마다의 마음에 법신불 일원상을 모시는 것이 참다운 봉불의 의미라고 할 수 있을 것입니다.

각 가정에 법신불 일원상을 모셨을 경우에는 한결같은 신앙의 귀의처로서 모셔야 합니다. 어렵고 힘들 때는 물론 기쁘고 감사한 일이 있을 때에도 항상 법신불 일원상 앞에 합장하고 귀의하는 신앙인의 모습을 떠나지 않는 것이 바로 모시는 것입니다. 이런 자세로 살아간다면 기쁘고 편안함이 계속될 것입니다.

온 가족이 법신불 일원상을 모시고 함께 신앙한다면 모두가 은혜가 충만한 날들로 이어질 것입니다.

Q 084 천도(薦度)

A 세상의 모든 것은 변합니다. 변화하는 것은 당연한 이치입니다. 예쁘고 싱싱한 것도 언젠가는 시들고 추하게 변합니다. 작고 보잘 것없는 것은 세월이 흐른 뒤 크고 멋진 모습으로 변하기도 합니다.

사람도 마찬가지입니다. 악한 사람이 착한 사람으로, 나쁘게 보이는 사람이 누구나 좋아하는 사람으로 변화할 수 있습니다. 이처럼 변화와 새로운 삶에 대한 가능성을 알려 주는 원불교의 용어 가운데 '천도'라는 말이 있습니다.

천거할 천(薦) 법도 도(度), 천도는 보통 죽은 사람의 명복을 빌고 그 영혼을 극락세계로 가도록 염원하고 인도하는 것으로 알려져 있습니다. 그런데 천도라는 단어는 단지 죽은 사람의 명복을 비는 것뿐만이 아니라 살아 있는 우리 모두에게도 적용되는 낱말로 천도라는 것은 악한 사람을 착한 사람으로 이끌어 주고, 낮은 데에서 높은 데로 이끌어 제도하여 주는 것을 말합니다. 또한 괴로움을 떠나서 즐거움을 얻고, 악업을 끊고 선업을 짓게 하며, 어리석음에서 벗어나 깨달음을 얻게 하는 것입니다. 때문에 천도는 자기 자신이 스스로를 천도하기도 하고, 다른 이의 힘 곧 타력에 의지하여 천도를 받게 되기도 하는 두 가지 뜻을 가지는 것입니다.

평소에 착실하게 신앙생활을 하면서 자신의 마음을 닦아간다면 누구나 자신이 스스로 천도를 할 수 있게 됩니다. 그러나 혹시 스스로 천도할 수 있는 힘이 부족하다면 다른 사람의 힘에 의지하거나 지도를 통해 천도를 받을 수도 있을 것입니다.

정산종사께서는 세전에서 천도를 다섯 가지로 밝혀 주셨습니다. "첫째 불연(佛緣)을 맺음이니, 정법 회상에 인연이 없으면 천도 받기가 어려우므로 먼저 불연을 맺을 것이요, 둘째는 믿음을 세움이니, 정당한 타력신과 자력신을 아울러 확립하여 자력과 타력이 한데 어울리게 할 것이요, 셋째는 깨달음이니, 자타력의 병진으로 정진을 계속하여 마침내 스스로 깨달음을 얻어서 그 광명으로 능히 바른 길을 떳떳이 밟아 나아가게 할 것이요, 넷째는 공덕을 쌓음이니, 평소에 정신 육신 물질로 모든 동포에게 고루 덕을 베풀며 특히 제도 사업에 보시를 많이 하면 그 은덕을 흠모하고 칭송하는 사람이 많게 되므로 오고 가는 데에 장애와 마장이 없이 언제 어디서나 천도를 받게 될 것이요, 다섯째는 일심을 청정하게 함이니, 일심이 청정한 근본 공덕을 알아서 평소에 세상 오욕에 물들고 집착하지 아니하여야 공덕이 공덕대로 거름이 되고 생사 거래에도 자유 활발하여 세세 생생 끊임 없는 천도가 되나니라."

　지금 자신에 대해 조금 부족하고 모자라다고 생각하신다면 믿음을 굳건히 하고 마음을 청정하게 해야 합니다. 스스로 자신을 일깨우는 작은 변화가 자신을 천도시키는 것입니다.

Q 085 사십구재(四十九齋, 薦度齋)

A 원불교에서는 가까운 분이 열반하셨을 때 반드시 열반인의 명복을 빌고 열반인이 진급하여 선도(善道)에 태어나도록 기원하는 천도재를 올립니다. 이러한 천도재는 사람이 죽은 날로부터 49일간 재의 기간으로 하여 시행합니다.

보통 열반 후 49일 동안을 중유(中有) 또는 중음(中陰)이라고도 하는데, 이는 열반 후 다음 생이 시작될 때까지의 기간에 해당하는 것입니다. 이 기간동안 다음 생의 몸을 받을 인연(因緣)이 정해지고, 이 기간 동안 7일 간격으로 천도재를 모시다가 마지막 49일되는 날에는 사십구일재를 올리게 되는 것입니다. 사십구재를 7일 간격으로 모셔 왔기 때문에 칠칠재(七七齋) 또는 칠재, 종재(終齋)라고도 합니다.

49일 동안 열반인의 가족을 비롯한 주위의 인연들, 그리고 주례 교무님은 열반인의 천도를 위하여 청정한 마음으로 독경을 하고, 천도법문을 들려 주며, 정성으로 축원을 하게 됩니다.

이러한 정성에 의하여 열반인은 비록 악도에 떨어질 위기에 있을지라도 선도로 진급할 기회를 갖게 되고, 다음 생에는 더 좋은 인연을 만날 수 있는 기회를 갖게 된다고 믿습니다.

사십구재는 전생·금생·내생의 삼생이 있다고 하는 믿음에 바탕한 것입니다. 모든 생령은 삼생을 통하여 윤회를 한다고 믿기 때문에 열반인이 죽음 이후에 올바른 길을 갈 수 있도록 도움을 주기 위해 천도재를 지내는 것입니다. 그러므로 사십구재는 열반인의 내생을 위한 밑거름이 되는 것으로 꼭 필요한 의식이라 할 수 있습니다.

열반인은 스스로 지난 생에 대한 모든 원망심과 애착심을 다 끊고, 내생에 대한 바른 서원을 세우는 것이 중요합니다.

주례 교무님의 설법이나 독경은 열반인이 착심을 끊고 큰 서원을 세우도록 하고 열반인의 어두운 길을 밝혀 주는 역할을 하게 됩니다. 그리고 가까운 분들의 간절한 축원 정성은 열반인이 큰 서원을 세우는데 도움을 주는 것입니다.

살 때 열심히 살며 스스로를 천도하는 일이 중요합니다. 또한 죽은 후 다음 생을 잘 맞을 수 있도록 사십구재를 올리는 것도 중요합니다.

삶의 길과 죽음의 길을 잘 걷는 일, 이는 그 무엇보다 크고 중요한 일입니다.

Q 086 제사는 어떻게 모시나요?

A '원불교에서도 제사는 모시나요?'
'제사 모실 때 절은 하나요?'
'제사음식은 어떻게 차리나요?'
많은 사람이 이런 질문을 합니다. 제사에 대한 관심이 많기 때문일 것입니다. 이는 우리나라 사람들이 전통적으로 조상을 모시고 추모의 도리를 다하는 풍속을 유지하고 있기 때문일 것입니다.

원불교는 돌아가신 분들을 위해 꼭 제사를 모실 것을 권합니다. 일반적으로 제사는 후손들이 조상에게 정성을 다해 향례를 올리는 것으로 알려져 있으며, 너른 의미에서는 신성한 대상에 대한 소통방식으로 표현하는 일정한 행위나 종교적 의식을 다 포함하고 있습니다.

선조·부모님이 돌아가신 날에 거행하는 제사를 기념 제사라 하는데 원불교는 이를 열반기념제라고 하여 아주 정성스럽게 모실 것을 권장합니다.

열반기념제는 자녀나 제자 또는 후손이 사람 된 도리로서 추모하는 정성을 바치는 동시에 열반인의 영원한 명복을 축원하기 위한 것입니다.

　대부분 열반기념제는 열반 일에 지냅니다. 열반하신 지 오래된 조상님들의 기념제의 경우, 해당 일자가 아니더라도 적당한 날을 정하여 합동으로 거행할 수도 있습니다.

　기념제는 교당에서 하는 것이 좋습니다. 그러나 가정에서 모셔도 문제가 되지 않습니다. 중요한 것은 기념제를 모시는 사람이 몸과 마음을 깨끗하게 하고, 제사를 모시는 장소를 정결하게 하는 기본자세입니다.

　원불교에서는 음식을 만들어 제사상을 차리지는 않습니다. 음식보다 중요한 것은 열반인의 영혼의 음식이 될 수 있는 부처님의 법문과 독경이기 때문입니다. 의식도 개식, 입정, 약력보고, 법공의 노래, 헌공 및 기념문, 심고 및 일동경례, 성주 3편, 독경 및 축원문, 헌공보고, 열반 기념가, 폐식의 순서로서 대부분 독경과 법문을 위주로 하여 진행합니다.

　의식이 끝난 뒤 참여한 분들을 위하여 간소한 음식으로 공양을 하기도 하지만 지나친 허례는 피합니다. 오히려 절약하여 제사비용으로 불전에 헌공하게 하는 것으로 열반인을 위한 보이지 않는 공덕이 쌓이도록 하는 것입니다. 제사를 지내는 가장 중요한 뜻은 무엇일까요?

　그것은 아마도 돌아가신 분들의 명복을 빌며, 그 은혜에 감사의 정성을 다함일 것입니다.

5 교사 쉽게 알기

87. 성지순례 / 88. 소태산대종사 십상1
89. 소태산대종사 십상2 / 90. 소태산대종사 십상3
91. 초기 교단의 창립정신 / 92. 최초의 교당

Q 087 성지순례(聖地巡禮)

향긋한 꽃보다 초록잎이 더 싱그러운 계절 5월이 되면, 원불교의 많은 교도님들이 성지순례의 길에 오릅니다.

아름다운 자연 풍경을 찾아 소풍을 나서기에 좋은 때이기도 하지만, 이 시기에 성지를 순례하는 것은 관광 이상의 뜻과 기쁨을 찾을 수 있기 때문입니다.

성지는 불교의 부다가야, 기독교의 예루살렘, 이슬람의 메카 등 종교의 발상지 또는 종교역사와 유적이 숨쉬는 곳을 뜻합니다.

원불교는 이 땅 한국에서 세워진 종교이기 때문에 원불교의 성지는 넓게 보면 우리나라 전체가 될 수 있습니다. 그러나 범위를 좁히면 좀더 구체적인 의미에서 소태산 대종사님이 탄생하신 전남 영광에 위치한 영산성지, 원불교 교법이 제정된 부안변산 제법성지, 원불교 중앙총부가 있는 익산전법성지로 생각해 볼 수 있습니다.

영산성지는 소태산 대종사님의 탄생, 구도, 대각, 교단의 창립역사가 시작된 것에 뜻을 두고, 제법성지는 교법을 만든 곳이란 점에 뜻을 두고, 전법성지는 본격적으로 원불교 교법을 전하기 시작했던 곳으로 깊은 뜻이 있습니다.

이 밖의 성지로는 제 2대 종법사이셨던 정산종사님의 탄생지인 성주 소성동, 최초 정기훈련이 진행되었던 만덕산 초선지, 소태산 대종사님과 정산종사님이 만나셨던 정읍 화해리 제우성지 등이 있습니다.

성지순례는 한갓 보는 것의 뜻을 넘어선 중요한 신앙행위가 됩니다. 성지순례를 통해서 원불교 신앙인들은 법신불 사은의 가호와 은혜를 더욱 더 깊이 느껴서 은혜 충만한 생활을 할 수 있기 때문입니다.

또한 영산성지, 제법성지, 전법성지 등을 순례하면서 소태산 대종사님이 모든 생령들에 대해 가지신 대자비심과 개교정신을 직접 체험해볼 수 있으며, 초기교단의 살아있는 정신과 선진들의 숭고한 종교정신을 새기며 스스로 성숙한 신앙인이자 수행인으로 거듭날 수 있는 계기가 되기도 합니다.

'백번 듣는 것이 한 번 직접 보는 것만 같지 못하다'는 통설처럼, 원불교 역사의 숨결이 담긴 성지를 순례하는 것은 많은 이야기를 듣는 것보다 훨씬 값진 경험이 될 수 있습니다.

교도라면 가족과 함께, 가까운 인연들과 함께 매년 원불교 성지를 순례하는 자세가 갖춰져야 할 것입니다. 아침녘의 상긋한 바람이나 보드라운 흙에서 갓 돋아난 들풀과 같은 5월의 마음으로 말이지요.

Q 088 소태산 대종사 십상 1

원불교 창교자는 소태산 대종사님입니다. 어떤 종교는 종교의 창교자, 또는 교조를 신앙의 대상으로 모시고 있는 경우도 있습니다. 그러나 원불교는 원불교 교조이신 소태산 대종사님을 신앙의 대상으로 모시는 것이 아니라 모든 사람의 스승님으로 모시고 있습니다. 또한 고통과 환란의 세상을 살아가는 많은 사람들에게 큰 가르침으로 새로운 세상을 열어 주신 주세성자(主世聖子)로 모시고 있습니다.

소태산 대종사님의 일생을 설명할 때 가장 보편적으로 사용하는 방법은 바로 열 가지 모습, 곧 십상(十相)으로 합니다. 이는 제2대 종법사이셨던 정산종사님이 분류하신 것입니다.

내용은 원불교전서 정산종사 법어 기연편 18장에 나오는데 "과거 부처님의 일대기는 팔상(八相)으로 기록하였지만, 소태산 대종사님의 일대기는 십상(十相)으로 기록한다." 라고 하여 십상을 밝히고 있습니다.

일반적으로 알려진 것처럼 불교의 석가모니 부처님의 일대기는 팔상(八相)이라 하여 그 분의 일생을 여덟 가지 특징적인 삶의 형태로 나누어 설명하고 있습니다. 다만 석가모니 부처님의 팔상이 신화적인 성격과 신비적인 내용으로 그 의미를 부각시키는 부분이 있는 것에 비해 소태산 대종사님의 십상은 대단히 사실적인 내용을 담고 있다고 할 수 있습니다.

그것은 아마도 소태산 대종사님이 우리나라에서 우리 민족의 한 분으로 사셨던 분이고, 지금 우리가 살고 있는 시대와 가까운 시기에 이 세상에 머무셨던 분이기 때문이기도 하고, 소태산 대종사님이 펼치신 원불교 교법이 시대화·생활화·대중화를 주창하는 사실적이며 진리적이라는 특징과도 무관하지 않습니다.

소태산 대종사님의 십상 첫 번째는 관천기의상(觀天起疑相), 곧 하늘보고 의심내신 상입니다. 소태산 대종사님은 1891년 5월에 전라남도 영광군 백수면 길용리에서 탄생하셨습니다. 어릴 적부터 호대한 성품을 가지셨다고 합니다. 그런데 7세경부터 우주 만유의 온갖 이치와 인간 세상의 모든 일에 대해 의문을 가지게 됩니다. 그리고 그 의문에 대한 깊은 사색에 잠기게 됩니다. 그래서 그 시기의 모습을 특징적으로 하늘보고 의심내신 상이라 하여 관천기의상이라고 합니다.

Q 089 소태산 대종사 십상 2

A

원불교 교조이신 소태산 대종사님의 십상의 두 번째는 삼령기원상(蔘嶺祈願相)입니다. 삼령이란 영광에 위치한 삼밭재 마당바위를 가리킵니다. 곧 삼밭재 마당바위에서 기도를 올린 모습을 특징지어 표현한 것이 삼령기원상입니다.

7세 때부터 품은 의심을 해결하지 못하고 있던 소태산 대종사님은 11세 무렵 집안 문중의 시향제에 참석하게 됩니다. 그리고 그곳에서 신통하고 불가사의한 힘을 가진 산신에 관한 이야기를 듣게 됩니다. 이 때부터 산신을 직접 만나 마음속에 품은 모든 의심을 해결하고픈 희망으로 삼밭재 마당바위를 날마다 오르내리면서 5년 여 동안의 기도를 계속하게 됩니다. 삼밭재 마당바위에서 지성으로 기도했던 시기를 특징지어 삼령기원상이라고 한 것입니다.

십상의 세 번째는 구사고행상(求師苦行相), 곧 스승을 찾아 고행을 하신 상입니다. 소태산 대종사님은 16세가 되는 무렵 고대소설의 내용 가운데 주인공이 도사를 만나 크게 성공하고 모든 소원을 이룬다는 것을 듣게 됩니다. 이후 보통 사람과 똑같은 모습을 하고 있는 도사를 만나 의심을 해결하고자 많은 도사를 자칭하는 사람과 이인을 만나는 등 인생의 스승을 찾아 갖은 고생을 하게 됩니다. 이러한 시기를 특징지어 구사고행상이라 합니다.

 십상의 네 번째는 강변입정상(江邊入定相), 곧 강변에서 깊은 선정상태에 들었다는 내용입니다. 소태산 대종사님은 갖은 고행을 통해 스승을 찾았으나 만나지 못하시고 의심만 깊어지게 됩니다. 이 때부터 '내 이 일을 장차 어찌할꼬?' 하는 한 생각에 몰두하게 됩니다. 그래서 때로는 시간도 잊고 공간도 잊은 채 몇 날 며칠을 보내기도 합니다. 어느 날은 선진포 나룻터에서 모든 생각을 다 잊은 채 깊은 정(定)에 빠져들어 돌부처처럼 하루 온종일 서 계셨던 일화도 있습니다. 당시 소태산 대종사님은 잠자는 것, 먹는 것도 잊은 채 온통 깊은 한 생각에 들어 계시던 때 가운데 일화를 특징지어 잡아 강변입정상이라 한 것입니다.

 십상의 다섯 번째는 장항대각상(獐項大覺相)입니다. '장항'이란 길용리 영촌에 있는 노루목이란 장소를 가리킵니다. 장항대각상이란 곧 소태산 대종사님이 노루목에서 큰 깨달음을 이루었다는 것입니다. 1916년 4월 28일, 소태산 대종사님은 26세에 진리를 대각하시어 원불교를 개교하시고, 온 우주에 기쁨의 메시지를 주시게 됩니다. 원불교 개교, 대종사님의 대각, 4월은 모든 원불교 교도는 물론 일체생령에게 기쁨을 주는 달임에 분명합니다.

Q 090 소태산 대종사 십상 3

A

소태산 대종사 십상의 여섯 번째는 영산방언상(靈山防堰相)입니다. 큰 깨달음을 얻으신 후 소태산 대종사님은 아홉 사람의 제자를 뽑아 함께 저축조합을 만들고, 미신타파·허례폐지·근검저축·절약절식·공동출역 등으로 새 생활운동을 전개합니다. 그리고 1918년(원기 3년) 4월부터 1년간 영산 앞의 갯벌을 막아서 농경지로 만드는 일을 시작합니다. 그 결과 약 2만 6천여 평의 농토가 새로 만들어지게 됩니다.

십상의 일곱 번째는 혈인법인상(血印法印相)입니다. 소태산 대종사님은 방언공사가 끝난 후 아홉제자들로 하여금 진리를 향해 기도를 하도록 합니다. '사무여한(死無餘恨)' 곧 '죽어도 여한이 없겠습니다.' 라는 희생정신으로 죽음을 맹세하고 기도를 한 결과, 1919년(원기 4년) 8월 21일, 아홉제자들이 맨 지장을 찍은 결과 혈인의 기적으로 나타나게 됩니다. 이러한 백지혈인의 이적으로 새 회상 창립의 법계인증을 받은 역사적 사건을 특징지은 것이 바로 혈인법인상입니다.

십상의 여덟 번째는 봉래제법상(蓬萊制法相)입니다. 소태산 대종사님은 혈인 기도를 마친 후 몇몇 제자만을 데리고 전북 부안 변산의 봉래정사에 머물게 됩니다. 그리고 그곳에서 원불교 주요 교리의 강령을 제정하게 됩니다. 봉래정사에서 원불교 교법을 제정하였던 사실을 특징지어 표현한 것이 바로 봉래제법상입니다.

십상의 아홉 번째는 신룡전법상(新龍傳法相)입니다. 소태산 대종사님은 1924년(원기 9년)에 전북 익산군 북일면 신룡리에 총부 기지를 정하고 본격적인 교화사업을 펼치기 시작합니다. 소태산 대종사님께서 신룡리에 중앙총부의 기반을 닦아 본격적인 법을 펼치기 시작했던 내용을 표현한 것이 바로 신룡전법상입니다.

십상의 마지막은 계미열반상(癸未涅槃相)입니다. 소태산 대종사님이 일제의 압정 속에서 교단을 창립하여 발전시켜 오다가 1943년(계미년, 원기 28년) 6월 1일 52세를 일기로 열반하신 것을 표현한 것이 계미열반상입니다.

이러한 소태산 대종사님 십상은 소태산 대종사님의 일생을 그리고 있으며, 동시에 원불교 초기 교단의 큰 흐름을 담고 있는 것입니다.

근세 우리나라에서 태어나시어 법을 펼치시고 열반하신 한 분의 큰 스승님의 발자취를 십상으로 따라가 보면서 오늘 우리의 삶을 되돌아보는 계기를 삼아야 할 것입니다.

Q 091 초기교단의 창립정신

A

　어떤 단체나 모임이 지속되기 위해서는 초기 구성원들의 기본 마음가짐이 중요합니다. 특히 하나의 종교가 태동하여 정착하는 데 있어서 최초 제자들의 역할과 자세는 가장 중요한 요인이 될 수 있습니다.

　저축조합운동, 영산방언공사, 법인기도, 익산총부 건설 등 원불교 창립기에 소태산 대종사님과 구인제자(九人弟子)들을 중심으로 교도들이 직접 실천으로 보였던 기본정신이 원불교 창립정신입니다.

　모든 원불교인들은 이 창립정신을 계승하여 생활해 가고자 합니다. 원불교 창립정신은 여러 가지 뜻으로 설명할 수 있지만, 대표적으로 이소성대(以小成大)·무아봉공(無我奉公)·일심합력(一心合力)·근검저축(勤儉貯蓄)의 정신을 들 수 있습니다.

　첫째, 이소성대는 모든 일을 작은 데서부터 출발하여 차근차근 성실하게 점차 발전시켜 가는 정신을 말합니다. 작은 냇물이 모여 바다를 이루고, 티끌 모아 태산이 되듯 조그마한 일에서부터 출발하지만 점진적으로 큰 일을 성취해가는 것을 말합니다.

둘째, 무아봉공은 개인의 사사로운 이익만을 추구하는 욕심을 버리고 대중과 세계를 위해 헌신하고 봉공하겠다는 희생적 정신입니다. 사람은 누구나 자기만 생각하는 이기심에 사로잡히기 쉽습니다. 그런데 이러한 이기심을 버리고 다른 사람을 배려하고 세계평화와 인류의 행복을 위해 살아가고자 하는 태도를 가지는 것입니다.

셋째, 일심합력은 한 마음 한 뜻으로 함께하고자 하는 단결과 화합의 정신입니다. 분열하고 대립하며 투쟁하는 것이 아니라 이해하고 양보하고 포용하는 자세를 말합니다.

넷째, 근검저축은 부지런히 일하고 허례허식을 피하며 절약하는 정신입니다. 이는 청빈한 종교인의 생활태도를 말하는 것입니다.

이러한 창립정신은 원불교 초기교단을 형성하고 발전시키는 데 있어서 중요한 바탕이며, 현재 교단 발전은 이 창립정신에 토대를 두고 있는 것입니다.

원불교 창립정신은 교단 창립기에만 필요한 것이 아니라 영원히 계승되어야 할 원불교의 기본정신입니다. 또한 어떠한 시대상황이나 사회적 여건 속에서도 누구나 실제 생활을 하면서 실천해 갈 수 있는 생활철학이기도 합니다. 원불교 교도님뿐만 아니라 모든 사람들이 이러한 정신에 기초하여 생활해간다면 개인의 발전뿐 아니라 사회가 더욱 발전하게 될 것입니다.

Q 092 최초의 교당

A

원불교 최초의 교당은 구간도실(九間道室)이라고 합니다. 아홉 칸으로 되어 있다고 해서 구간이며 참된 삶을 구하는 집이라고 하여 도실입니다. 구간도실은 전라남도 영광군에 있는 원불교 영산성지 옥녀봉 아래에 세워진 건물입니다.

소태산 대종사님이 당신을 믿고 따르는 사람들을 위하여 법문을 설하실 때에는 영산 이곳저곳 장소를 빌려 사용하였습니다. 그런데 점차 모이는 사람이 많아지자 함께할 수 있는 집회장소가 필요하게 됩니다. 그래서 1918년(원기 3년) 겨울, 옥녀봉 아래에 세운 것이 바로 구간도실입니다. 구간도실은 원불교의 공식적인 최초의 교당이 되었습니다. 소태산 대종사님은 구간도실이 건립된 후 그 상량에 다음과 같이 쓰셨습니다.

'사원기일월 직춘추법려 송수만목여춘립 계합천봉세우명 (梭圓機日月 織春秋法呂 松收萬木餘春立 溪合千峰細雨鳴)'

간단히 해석하면 다음과 같습니다.

'두렷한 기틀에 해와 달이 북질해서, 봄과 가을의 법려를 짠다.

푸른 소나무는 일만 나무들의 남은 봄을 모두 거두어 서 있고, 푸른 시냇물은 일천 산봉우리에 내리는 가는 빗물을 합하여 흐른다.'

이 상량문은 여여하여 변함없는 하나의 큰 진리의 소식, 더불어 새 회상 건설에 대한 포부와 교단 미래에 대한 전망을 암시하고 있다고 할 수 있습니다.

구간도실은 원불교의 중요한 초기역사가 진행된 의미 있는 곳입니다. 구간도실이 건립될 무렵은 소태산 대종사님이 탄생하시고, 구도하시고, 대각하신 길룡리, 그 길룡리 앞 바닷물이 내왕하는 간석지를 논으로 만들기 위해 온갖 수고와 노력을 기울였던 때였습니다. 그러므로 구간도실은 이러한 방언공사에 대하여 많은 논의를 할 수 있는 공간이 되었던 곳입니다. 또한 방언공사가 끝난 후 법인기도를 위한 장소가 되었던 곳도 바로 구간도실입니다.

구간도실은 1923년(원기 8년)에 현재 영산사무소가 위치한 곳으로 옮겨져 보존되고 있습니다. 구간도실이 건립되었던 그 곳은 건물은 없지만 잘 보존되고 있으며, 많은 교도님들이 다녀가는 곳입니다.

원불교 최초의 교당 구간도실은 원불교 초기 역사의 현장이라는 뜻 이상이 있습니다. 원불교가 나아갈 바, 지향하는 바를 담고 있다고 볼 수 있기 때문입니다.

6 제도 쉽게 알기

93. 종법사 / 94. 상사 / 95. 교화단
96. 교복과 법락 / 97. 거진출진 / 98. 법 호 / 99. 원성적
100. 법 훈

Q 093 종법사 (宗法師)

원불교 최고지도자는 바로 종법사님입니다. 원불교의 종법사는 교단의 주법으로서 교단을 주재하고 원불교를 대표하는 분을 가리킵니다.

원불교의 창시자는 소태산 대종사님이신 박(朴)자 중(重)자 빈(彬)자이십니다.

그리고 그 종통을 이은 두 번째 종법사는 정산 송규 종사이며, 세 번째로 종통을 이은 종법사는 대산 김대거 종사이십니다. 이 분들은 모두 열반하셨으며, 다음으로 종통을 이어 받으신 분은 좌산 이광정 종사이십니다. 이 후 현재 종법사의 위에 계시는 경산 장응철 종법사이십니다.

원불교의 종법사는 교단의 최고의결기관인 수위단회에서 선출하며, 모든 재가와 출가 교도들의 결의기관인 중앙교의회에서 추대하게 됩니다. 종법사로 추대될 수 있는 자격은 원불교 법위가 출가위이어야 하며, 출가위의 자격자가 없을 때는 정식법강항마위 이상이 그 대상이 되며, 그 밖의 자격사항은 원불교 교규로서 정해진 사항에 따르게 됩니다. 임기는 6년이지만 연임할 수 있으며 74세가 넘으면 피선자격이 없습니다.

　종법사님은 재임시 교단을 대표하는 최고지도자이자, 스승님으로서 위상을 가집니다. 그리고 퇴임하시는 경우 상사, 곧 높은 스승님으로서 종법사에 준한 예우를 받게 됩니다.

　원불교에서 종법사는 대단히 상징적인 의미를 가집니다. 원불교 교단을 대표하는 분이자, 모든 재가·출가 교도들에게 큰 가르침을 주시는 스승님이기 때문입니다.

　가장 고귀하고 높은 분, 가장 친근하고 가까운 분, 모든 원불교인들에게 종법사님은 그런 분이십니다.

Q 094 상사(上師)

얼마 전 한 학생이 텔레비전에서 방영된 다큐멘터리를 보았다며 물었습니다. "그런데 상사님은 어떤 분이신가요?"

아마도 텔레비전에 나오셨던 상사님을 뵙고는 어떤 어른에게 상사라고 부르는지 그 호칭이 궁금했던 모양입니다.

상사는 퇴임한 종법사를 부르는 호칭입니다.

원불교의 종법사는 교단의 주법으로서 교단을 주재하고 원불교를 대표하는 분을 가리킵니다. 그런데 종법사의 임기는 6년이지만 연임이 가능합니다. 이처럼 원불교 교단의 종법사로 계시다가 퇴임하신 분을 '상사'로 모시는 것입니다.

또한 상사가 주재하는 공관을 상사원(上師院)이라고 합니다. 상사님은 주로 상사원에 머무시며 원불교 교단의 크고 작은 일에 대하여 자문을 해주십니다.

상사님을 모시는 예는 종법사님을 모시는 예에 준하여 하게 됩니다.

원불교에서는 약 35년 동안 종법사위에 계시다가, 좌산 종법사님이 새로이 선출되신 다음 퇴임하시어 상사로 계시다가 열반에 드신 대산종사님이 계셨습니다. 이후 좌산종법사님이 약 12년 동안 종법사위에 계시다가 원기 91년 퇴임하신 후 현재 상사님으로 계십니다.

 원불교에서 종법사님은 곧 모든 출가·재가 교도들의 정신적 스승님이자, 법의 주인으로서 자리하고 계신 분입니다. 그러므로 상사가 되신 분 또한 종법사님과 다름 없는 스승님으로 모시는 것입니다.

 원불교에서 상사라는 호칭은 큰 뜻을 가지고 있습니다. 먼저 원불교 교단내의 최고직인 종법사의 승계가 대단히 민주적이며 평화롭게 이루어지고 있다는 뜻이 담겨 있습니다. 또한 종법사를 퇴임하여 상사가 되시는 것은 뒤로 물러남의 의미보다 큰 스승님으로 모셔지게 된다는 뜻이 더 강하다고 할 수 있습니다.

Q 095 교화단(敎化團)

교당에 다니며 신앙생활을 하는 분들은 교당의 교화단에 소속됩니다.

처음 교당에 가신 분들은 교화단이 무엇일까? 단장, 중앙, 단원은 무슨 뜻일까? 매우 궁금하게 생각할 수 있습니다.

교화단은 원불교 교화조직의 가장 기본적인 단위입니다.

교화단은 원불교 교조이신 소태산 대종사님께서 '오직 한 스승의 가르침으로 모든 사람을 두루 훈련할 빠른 방법으로, 몇 억만의 수라도 효과적으로 지도할 수 있지만 그 공력은 항상 아홉 사람에게만 드리는 간이한 조직'으로 세워 놓으신 조직법이라고 할 수 있습니다. 교화단 조직의 방법은 기본적으로 열 사람씩을 표준단위로 하여 한 단으로 구성합니다.

그 열 명 가운데 한 사람은 단장이 되고, 또 한 사람은 중앙이 되며, 나머지 여덟 사람은 단원이 됩니다. 주로 단장과 중앙이 중심이 되어 단원을 지도하고 훈련하며, 각 단원들은 다시 아홉 사람의 단원을 거느리는 단장의 역할을 하게 됩니다. 이러한 방법으로 교화단을 확산시키면 이 우주 안의 모든 사람을 원불교 교법으로 훈련할 수 있게 되는 것입니다.

　소태산 대종사님께서는, '이 단은 곧 시방세계를 응하여 조직이 된 것이니, 단장은 하늘을 응하고 중앙은 땅을 응하였으며, 단원은 팔방을 응한 것이라, 펴서 말하면 이 단이 곧 시방을 대표하고 거두어말하면 시방을 곧 한 몸에 합한 이치' 라 하시어 단 조직이 우주자연의 이치를 바탕한 것임을 밝혀 주셨습니다.

　시방이란 사방(四方)인 동·서·남·북과 사우(四隅)인 서북·북동·동남·남서, 그리고 상·하를 말합니다. 따라서 시방세계는 곧 우주를 가리키며, 시방세계를 응하여 단 조직을 밝히신 것은 곧 이 세상의 모든 인류를 비롯한 우주의 모든 존재를 일원의 진리로서 제도하시고자 하는 포부를 담고 있다고 할 수 있습니다.

　교화단은 교도들이 서로 마음을 합하고, 신앙인으로서 성장할 수 있도록 서로 도움을 주고자 하는 단 조직입니다. 나아가 우주 안의 모든 중생을 원불교의 교법으로서 제도하자는 조직입니다.

　원불교 교도들은 교당에 내왕하면서 교화단회나 단활동을 통해서 정신의 키를 쑥쑥 키워 갑니다.

Q 096 교복(敎服)과 법락(法絡)

교복과 법락은 원불교 교도로서 교단적 위의를 갖추기 위해 착용하는 것입니다. 교복은 착용에 있어 남자 여자를 구분하지 않으며 길고 폭이 넓은 모양으로 하얀색과 회색으로 구분하여, 동절기에는 회색을 착용하고 하절기에는 하얀색을 착용합니다.

법락은 황톳빛 천에 황금빛 일원상을 수놓은 것으로 목에 걸어서 착용하도록 되어 있습니다.

교복은 모든 전무출신과 재가교도가 착용할 수 있는데 다만 법에 정해진 바에 의해 가능하며, 법락의 경우는 전무출신과 재가교도 중 특별히 오랫동안 신앙·수행생활을 하여 인정된 일부의 교도에 한하여 착용하게 됩니다.

교복과 법락은 항상 착용하는 것은 아닙니다. 중요한 의식이나 법회를 주관하는 경우, 교단의 중요회의를 진행하는 경우, 교단의 특별행사를 주관하거나 참석하는 경우 등을 포함하여 주로 원불교 교도로서 교단적 위의를 갖추어야 할 때 착용합니다.

출가서원식의 경우 출가 서원자들이 하얀 교복 위에 법락을 착용한 모습을 보면 맑고 높은 서원이 드러납니다. 교복과 법락의 착용은 이와 같이 아름답고 성스럽습니다. 출가서원식뿐만이 아니라 교단의 중요한 의식에 함께하여 교복과 법락을 착용한 모습을 보면 대단히 성스럽고 고결해 보입니다.

이는 교복과 법락이 단지 복장의 의미를 넘어서 원불교에서 추구하는 낙원세계에 대한 염원이 담겨져 있기 때문입니다.

Q 097 거진출진(居塵出塵)

원불교의 교도는 출가교도(出家敎徒)와 재가교도(在家敎徒)로 구분합니다. 또 다른 구분 방법은 전무출신과 거진출진이라고 할 수 있습니다. 전무출신이 출가교도를 가리키는 말이라면, 거진출진은 재가교도를 가리키는 말입니다.

거진출진은 한자어로 살펴보면, 살 거(居), 티끌 진(塵), 날 출(出), 티끌 진(塵), 글자 그대로의 뜻은 티끌 속에 살지만 티끌에서 벗어나 있다는 뜻입니다.

마치 진흙 속에 연꽃처럼 몸은 티끌 세상에 있지만 마음은 맑고 고귀함으로 세상을 위해 헌신한다는 의미가 담겨져 있습니다. 곧 거진출진은 원불교의 재가교도로서 공부와 사업에 노력하여 원불교 발전은 물론 세상에 공헌한 사람을 가리킵니다.

보통사람들은 결혼을 하여 가정을 이루게 되면, 가정의 일원으로서만 마음가짐을 가지게 됩니다. 그런데 거진출진은 가정에만 한정하지 않고 세상을 위해, 교단의 발전을 위해 늘 앞장서는 공도자입니다.

또한 세상 속에 처하여 많은 오욕경계를 만났을 때 결코 경계 속에 빠지거나 물들지 않는 마음으로 공부하는 공부인(工夫人)입니다.

아무리 좋은 교법과 뛰어난 출가교도가 있다 할지라도 그 교법을 독실하게 믿으며, 진실된 마음으로 협력하는 재가교도가 없다면 어떤 종교도 성장하지 못합니다.

거진출진은 원불교 교법을 세상 속에서 실천하는 교도입니다.

거진출진은 원불교 교법을 통해 세상 속에서 세상을 정화하는 사도입니다.

티끌 속에 있어도 티끌에 머물지 않는 거진출진은 그 말만으로도 아름답기 그지없습니다.

Q 098 법호(法號)

원불교 교도님들은 때때로 어떤 교도님을 만나는 경우, "○타원님!" "○산님!" 하는 호칭을 사용하기도 합니다.

처음 들은 분은 "무슨 말이지?" 하며 의아해 하실 수 있습니다. ○타원이나 ○산이란 것을 원불교에서는 법호라고 합니다.

법호는 재가교도와 출가교도를 막론하고 공부와 사업에 뚜렷한 공적을 쌓은 교도에게 드리는 별호라고 할 수 있습니다. 보통 남자에게는 뫼 산(山)자를 뒤에 붙여 '○산' 이란 법호를, 여자에게는 비탈질 타, 둥글 원자를 뒤에 붙여 '○陀圓' 이란 법호를 주게 됩니다. 예를 들면 '어질 현(賢)' 이란 법호를 받게 되면 남자의 경우 '현산', 여자의 경우 '현타원' 이라 불리게 되는 것입니다.

원불교 법호 증여 역사는 1919년(원기 4년) 8월 21일 백지혈인의 법인성사가 이루어진 초기 역사로부터 비롯된 것입니다.

소태산 대종사님의 아홉 제자들은 사무여한(死無餘恨)의 정신으로 기도를 올려 드디어 백지혈인의 이적을 이루게 됩니다. 그 때 소태산 대종사님께서 아홉 제자들에게 법호(法號)와 법명(法名)을 주시며 말씀하십니다.

"그대들의 전날 이름은 곧 세속의 이름이요 개인의 사사 이름이었던 바 그 이름을 가진 사람은 이미 죽었고, 이제 세계 공명(公名)인 새 이름을 주어 다시 살리는 바이니 삼가 받들어 가져서 많은 창생을 제도하라."

법호는 개인의 욕심에 머무는 이름이 아니라 세상을 위한 마음으로 살아가는 사람에게 주는 공명과 같은 것이라고 할 수 있습니다.

법호는 원불교에 입문한 이후 끊임없이 신앙생활을 하고, 자신의 수행에 게으르지 않은 분, 자신이 가지고 있는 것을 아낌없이 공중에 희사하여 대중을 이익 주는 분, 신심과 덕망으로 많은 교도들이 모범을 보여 주는 분, 폭 넓은 사회활동으로 세상을 맑고 밝게 하는데 큰 실적이 있는 분이 대상이 되는데 법에 정한 바에 의해 결정됩니다.

이처럼 아름다운 삶을 가꾸어 가는 분들에게 드리는 법계의 찬사가 바로 법호라고 할 수 있습니다. 더욱더 공부와 사업에 힘쓰는 아름다운 삶의 모습으로 많은 사람들의 귀감이 되라는 말 없는 당부의 의미가 담겨 있다고도 할 수 있습니다.

Q 099 원성적(元成績)

원불교 교도생활을 하셨던 분들이 돌아가셨을 경우 재 의식이 진행될 때 그 분에 대한 공부성적, 사업성적, 원성적이라는 말을 들으실 수 있습니다.

학교에서 학생들의 교과성적을 포함해서 특별활동과 기타 학교생활을 전반적으로 평가하는 제도가 있듯이, 원불교 교도로서 신앙생활을 하게 되면 원불교 교도로서 공부와 사업을 어느 정도 해왔는지 종합적인 평가를 한 것이 바로 원성적이라고 할 수 있습니다. 원성적은 공부성적과 사업성적을 종합해서 평가한 성적이 되는 것입니다.

공부성적은 교도로서 신앙과 수행생활을 얼마나 성심으로 해왔는지, 마음공부는 얼마나 깊이 있게 해왔는지, 그 정도를 평가한 것입니다. 원불교에서 마음공부의 성적은 법위등급으로 하게 됩니다. 보통급·특신급·법마상전급·법강항마위·출가위·대각여래위 등 6등급의 법위등급과 그 중간에 각각 예비등급을 두어 모두 11등급의 법위등급을 두고 이를 평가합니다. 이러한 법위등급의 평가는 법위사정이란 제도로서 진행하게 됩니다.

사업성적은 교도가 정신·육신·물질로써 교단에 공헌한 실적을 평가한 것입니다. 교단일이나 자기가 맡은 일에 특별한 공로가 있다든지, 물품이나 현금을 희사하였다든지, 여러 가지 봉사를 하였다든지 등 다양한 면에서 평가를 합니다. 사업성적은 정특등·준특등·정1등·준1등·정2등·준2등·정3등·준3등·정4등·준4등·정5등·준5등 등 12등급으로 나뉘어져 있으며, 해마다 사업성적 사정을 통하여 평가를 하게 됩니다.

원성적은 이처럼 공부성적과 사업성적을 종합하여 평가한 성적이라고 할 수 있습니다. 대부분 이러한 종합평가는 열반 후에 하게 됩니다. 다만 교단적인 특별한 행사가 있거나 부득이하게 꼭 필요한 경우 살아 있을 때 평가하는 경우도 있습니다.

공부성적, 사업성적, 그리고 원성적은 학교에서 한 학기 또는 일 년 동안 공부한 내용이 담겨지듯 원불교 교도로서 어떻게 활동하였으며, 어떻게 공부했는지 그 내용을 담고 있는 종합 성적표라 말할 수 있습니다.

Q100 법훈(法勳)

국가에 공헌을 하게 되면 그 공로를 기리기 위하여 훈장을 수여합니다. 원불교에서도 원불교 교단의 창설과 발전에 많은 공적을 쌓은 분에게 법의 훈장을 드립니다. 그것이 바로 법훈입니다.

법훈에는 종사위·대봉도위·대호법위·대희사위가 있습니다. 종사위는 종법사를 역임한 분과 출가위 이상의 법위를 가진 분에게 드리는 법훈인데 주변에 법위가 높으신 분에게 '종사님' 하고 부르는 걸 들으실 수 있을 것입니다.

대봉도위와 대호법위는 공부성적과 사업성적을 합한 원성적이 정특등 이상이 될 때 드리게 되는데 대봉도위는 출가교도에게 드리는 법훈이며, 대호법위는 재가교도에게 드리는 법훈입니다.

대희사위는 법위가 대각여래위가 되는 큰 도인의 친부모에게 드리는 법훈입니다.

법훈을 드릴 때에는 법훈장을 수여하게 됩니다. 종사장, 대봉도장, 대호법장, 대희사장 등을 드리게 되는 것입니다.

교단적으로 최초의 법훈증여식은 1957년(원기 42년) 4월에 거행

되었다고 볼 수 있습니다. 당시에는 주산 송도성 선진에게 종사위, 구타원 이공주·팔산 김광선 선진에게 대봉도위, 팔타원 황정신행 선진에게 대호법위의 법훈이 증여되었습니다.

 법훈을 받으신 분들은 공부와 사업에 뚜렷하고 빛나는 공로가 있으신 분들입니다. 따라서 공적만 갖추어지면 누구나 받을 수 있는 것입니다. 법훈을 받는 분들이 많을 때 세상은 좀더 평화롭고 행복한 곳이 될 것입니다. 법훈은 바로 평화 그 자체이며, 법훈은 바로 행복 그 자체이기 때문입니다.